普通高等教育"十三五"规划教材

21世纪高等院校规划教材·公共课系列

# 大学美育

（重排本）

黄高才 / 著

图书在版编目(CIP)数据

大学美育/黄高才著. —北京：北京大学出版社，2018.5
（全国高等院校规划教材·公共课系列）
ISBN 978-7-301-29451-2

Ⅰ.①大… Ⅱ.①黄… Ⅲ.①美育－高等学校－教材 Ⅳ.①G40-014

中国版本图书馆CIP数据核字（2018）第068131号

| | |
|---|---|
| 书　　　名 | 大学美育<br>DAXUE MEIYU |
| 著作责任者 | 黄高才　著 |
| 策划编辑 | 李　玥 |
| 责任编辑 | 李　玥 |
| 标准书号 | ISBN 978-7-301-29451-2 |
| 出版发行 | 北京大学出版社 |
| 地　　　址 | 北京市海淀区成府路205号　100871 |
| 网　　　址 | http://www.pup.cn　　新浪微博：@北京大学出版社 |
| 电子邮箱 | 编辑部zyjy@pup.cn　　总编室zpup@pup.cn |
| 电　　　话 | 邮购部 010-62752015　发行部 010-62750672　编辑部 010-62704142 |
| 印　刷　者 | 北京宏伟双华印刷有限公司 |
| 经　销　者 | 新华书店 |
| | 787毫米×1092毫米　16开本　12.25印张　240千字<br>2024年1月重排　2024年1月第18次印刷 |
| 定　　　价 | 62.00元 |

未经许可，不得以任何方式复制或抄袭本书之部分或全部内容。
**版权所有，侵权必究**
举报电话：010-62752024　电子邮箱：fd@pup.cn
图书如有印装质量问题，请与出版部联系，电话：010-62756370

# 前　言

　　美育教育作为立德树人的重要手段，承担着陶冶高尚情操、塑造美好心灵、增强文化自信的重要任务。教材编写与出版是开好美育课的基础。本书第1版于2018年5月出版，先后印刷17次，深得广大一线教师的好评。为了使本书更好地满足高等院校美育课教学的需要，我们在广泛听取一线教师意见和建议的基础上，以党的二十大报告中提出的"加快建设高质量教育体系，发展素质教育"的相关要求为指导，依据中共中央、国务院《关于全面加强和改进新时代学校美育工作的意见》，以及教育部有关加强和改进学校美育工作的文件精神，对本书进行修订和重排。此次修订和重排除了删改、补充和更新内容外，进一步突出了以下几个特点：

　　一、概念清楚，内容全面。本书首先对美的概念作了清楚的阐释，准确地揭示了美的本质内涵，明确了美的外延，从而清晰地描述了美的全部内容，使读者对美的各种表现了然于心。这样，不仅有利于读者审美能力的培养，而且能够使读者形成正确的审美观。

　　二、人文内涵丰富。从本质上讲，美育是一种综合性的人文教育。美育效果的好坏，既取决于学生已有的人文素养，也取决于教材的人文内涵。本书不仅引入了大量与审美认知有关的思想文化知识，采用了很多艺术史料，而且融入了一些历史故事、神话传说和古典诗文等，人文内涵十分丰富。

　　三、贴近学生实际。孔子说："知之者不如好之者，好之者不如乐之者。"当学生对教学内容倍加喜欢的时候，教学效果自然会事半功倍。笔者在写作本书时充分考虑了这一点，力求使内容切近学生实际，既使学生感兴趣，也使学生获得良好的教益。例如，针对大学生的思想实际，本书在"人情美"和"辞章美"等章节都有意识地引入了爱情诗词，目的在于引导学生正确地认识爱情，使其树立正确的爱情观。

　　四、特别关注学生创造能力的培养。审美教育是一种特殊的认知教育，其中时刻伴随着情感体验、想象及联想活动。在这种状态下，人的思维更加活跃，大脑中灵感的闪现频率会大大增加。如果能加以正确的引导，使想象及联想活动走向深入，可以有效培养人的创造性思维能力。本书在编写时充分考虑了这一点，特别注意利用形象（图片）触发和文字提示等引导读者展开想象及联想。

五、图文并茂，浅显易懂。作为一本美育教材，本书力求给读者以充分的美感享受。为此，本书在写作时着力于两点：一是力求语言质朴、浅显易懂，确保读者一看就懂，使学习过程变得轻松愉快；二是全书采用了300多幅精美的图片，读者从这些图片中不仅能获得充分的审美享受，而且可以获得丰富的人文知识。

美无处不在。美育的内容俯拾皆是，一本书确实难以尽写其精彩。因笔者学识所限，书中难免有疏漏之处，敬请各位读者在使用本书的过程中多提宝贵意见，以便笔者将其修订得更加完善。有关本书的意见和建议请直接发送至笔者的电子邮箱：gchuang1962@163.com。

黄高才

2023年冬于咸阳

# 目 录

## 第一章　美与美育 / 1
　　第一节　什么是美 / 2
　　第二节　美的特点 / 3
　　第三节　美的表现及其分类 / 6
　　第四节　美育及其作用 / 10

## 第二章　审美活动 / 13
　　第一节　直觉反应 / 14
　　第二节　情感体验 / 15
　　第三节　精神感受 / 17
　　第四节　思想分析 / 21

## 第三章　自然美 / 25
　　第一节　事物美 / 26
　　第二节　景象美 / 30
　　第三节　情境美 / 32
　　第四节　意象美 / 35

## 第四章　生活美 / 43
　　第一节　服饰美 / 44
　　第二节　器皿美 / 49
　　第三节　饮食美 / 57
　　第四节　人情美 / 62

## 第五章　艺术美 / 65

　　第一节　音乐美 / 66

　　第二节　雕塑美 / 73

　　第三节　绘画美 / 80

　　第四节　舞蹈美 / 91

　　第五节　戏剧美 / 98

　　第六节　影视美 / 105

## 第六章　文字美 / 121

　　第一节　形体美 / 122

　　第二节　内涵美 / 129

　　第三节　识用美 / 133

　　第四节　汉字书法美 / 136

## 第七章　辞章美 / 143

　　第一节　汉语之美 / 144

　　第二节　文学形象美 / 149

　　第三节　文学意境美 / 150

　　第四节　文章的内涵美 / 152

　　第五节　汉语文学的独特样式 / 157

## 第八章　科技美 / 163

　　第一节　设计美 / 164

　　第二节　技术美 / 170

　　第三节　适用美 / 178

　　第四节　效能美 / 183

# 第一章

# 美与美育

景美悦目，声美悦耳，味美悦口，情美悦心……世间万物，只要具备了美的属性，就能使人触之而产生积极的情感反应，从而为人所喜爱。例如，人们普遍喜爱鲜花，是因为鲜花悦人眼目，能够直接引起人的情感反应，使人身心愉快。

## 第一节 什么是美

看微课
什么是美

美是指能够使人产生积极的情感体验，继而促使人的精神发生积极变化的事物属性。积极的情感体验具体表现为情感愉悦、身心轻松和感觉舒适等；积极的精神变化具体是指人在获得审美体验之后，或是产生了对审美对象的喜爱之情，或是产生了对美好生活的憧憬，或是精神得到了振奋，或是心中有了一种信念等。

为什么说美是事物的属性呢？因为美是依赖于事物而存在的，当事物不存在时，其能够表现出来的个性美也就随之消失。当然，如果事物在人的记忆中留下了深刻的印象，其个性美也相应会留下一些记忆，能够使人在回忆中体验到一定的美感。

例如，当人们看到竹奋发向上、梅傲寒斗雪（见图1-1-1、图1-1-2）的情景时，首先产生一种直觉上的美感，继而会由物及人，联想到人自强不息和顽强拼搏的精神等。当眼前的情景消失后，不仅人们的直觉美感随之消失，而且联想活动也很快终止，经验性知觉美感也随之消失。

图1-1-1　竹奋发向上

图1-1-2　梅傲寒斗雪

积极性是区分美与丑的根本标准。如果一件事物或一种行为在被人们认知之后，能使人的情感和精神发生积极变化，那么，它就是美的；反之，如果使人的情感或精神发生消极变化，它就是丑的。例如，在公开场合暴露身体被世界各国一致认为是丑恶行为，原因就在于它会刺激人的本能欲望，使一些人产生邪念。

在认识了美的本质之后，首先要弄清楚一个问题：美与艺术的关系。艺术是对美进行反映的一类文化样式，也是一种美的载体，但艺术美仅仅只是美的一小部分。美只是艺术反映的对象，不仅不等于艺术，也不一定都适合于艺术。例如，自然美是艺术反映的美的基础，但只有经过主观的再创造才能构成艺术，没有经过加工和改造的简单复制不能算作艺术。图1-1-3这幅图虽然很逼真地反映了果之美、叶之美和枝叶与果的相衬之美，但其中缺乏主观创造，所以它只是一张照片，不是艺术。

图1-1-3　成熟的苹果

## 第二节　美的特点

由于美是事物的属性，事物无处不在，美也随处都有。美不仅易于为人们所感知和理解，能够直接唤起人的情感体验，而且可以引导人的感情倾向，使人对于美的事物产生喜爱之情。在同一文化背景下，人们的审美观具有高度的趋同性，这为生活美、艺术美和技术美等美的创造确立了约定俗成的标准。概括起来讲，美的特点主要表现在以下几个方面。

看微课
美的特点

### 一、从属性

美是事物的属性，依赖于事物的存在而存在，随着事物的变化而变化，因此，美只有从属性，没有主体性。当美所依附的事物消失，美也随之消失。例如，花园里一束花开得很鲜艳（见图1-2-1），长在那里是一种风景，看到者都觉得很美。如果有一个爱得"情不自禁"者将其摘下，花园中的那一份美将不复存在。摘取者将其带回去插在那里，花逐渐枯萎，美也逐渐减退。

从欣赏的角度来看，美的从属性实际上既是一种限定性，也是一种约束性。一方面，要欣赏美，必须靠近它所依附的事物；另一方面，要想使那份美留存

图1-2-1　一束鲜花

得长久一些，必须懂得呵护。

## 二、直觉性

美不论依附于何种事物，不论是以何种形态表现出来，都易于为人们所认识和感受，并且能够直接唤起人的美感体验，因此，美具有直觉性的特点。例如，一处自然风景（见图1-2-2），人们一眼看过去就能感受到它的美，继而会产生眼目舒适、心里轻松等情感反应。

图1-2-2　黄果树瀑布

美的直觉性不仅使人们对美的欣赏与体验显得极为平常，而且使美对人的积极影响能够更好地发挥出来。正是因为美具有直觉性的特点，美的事物又无处不在，一个人只要具备一定的美丑判断能力，就能随时随地获得美的体验，从而，热情时刻被唤起，精神常常被激励，理想和信念不断被激活。这样一来，人就会感到生活的美好，就会生活得更好。

## 三、认同性

世间事物都有美丑和优劣之分。作为一种事物的属性，美也有其判断和评价标准。与事物的优劣评价标准不同的是，美的评价标准没有定量性，只有文化的认同性。同一个文化背景之下，人们的价值观和审美观等决定其对美丑的判定与评价标准。例如，在崇尚自然这一中国文化思想的影响下，中国人向来以自然、本真和朴素为美。反映在人的外表方面，不加任何粉饰的浓眉毛、双眼皮、黑头发和红润的嘴唇等被人们一致认为"天然去雕饰"之大美；浓妆艳抹、衣着怪异等却是人们各持所见、缺乏审美认同性的一些待审美现象。又如，在中国传统文化的大背景下，直呼老师或家长的姓名被认为是不礼貌的，自然，给老师起外号更是不美的行为。

### 四、积极性

美是指事物良善的一面，以对人产生积极的情感影响、改善人的精神状态为突出特点，积极性既是其核心与基础，也是区分美与丑的首要标准。一件事物、一种行为或者一类现象美不美，关键在于其对人产生的情感影响是不是积极的，以及能不能改善人的精神状态。如果能，它就是美的；不能，它就不是美的。例如，在学校的图书馆，明媚的阳光从玻璃窗透射进来，地面干干净净，书桌一尘不染，每一个角落都十分整洁；房间里除了同学们翻书学习的声音清晰可闻外，再无一点声响。这时候，突然有人的手机响了起来，开始煲起了"电话粥"。于是，阅读者的心情一下子糟了起来……在这样一个事件中，打电话的同学对其他阅读者造成了消极的情感影响，在特定的环境下，对特定的感受者来讲，其行为就是不美的。

### 五、时空性

因为任何事物都是在一定的时空中存在的，所以作为事物属性的美具有时空性的特点。例如，百花争艳的春天景象只有在春季才能真实地看到，硕果累累的金秋实景只能在秋天里观赏，这是美的时间性；金色的胡杨美景（见图1-2-3）只有到北方去看，美丽的西湖风景只有到江南去找，这是美的空间性。

换一个角度看，很多美是在特定的时空中存在的，当时空发生变化，美也会随之消失或者变化。例如，一对恋人在只有他们两人的小屋中拥抱和接吻，其行为是美好的；但在大庭广众之下拥抱和接吻，其行为就是不美的。又如，冬天里，舍友躺在床上看书睡着了，你给他盖上棉被就是关爱；夏日里，舍友躺在床上看书睡着了，你给他盖上棉被可能就是一种伤害。

总之，作为事物的属性，美具有以上五个基本特点。其中，积极性和认同性是其根本，没有积极性和认同性，或者缺少了其中任何一个，都算不上美。

图1-2-3 胡杨林

## 第三节　美的表现及其分类

在现实生活中，我们时时处处都能感受到美的存在，只是感受的途径和方式有所不同——有的是看到的，有的是听到的，有的是品尝到的，有的是触摸到的，还有的是通过想象和联想体会到的等。美的表现形式不同，人们欣赏美的方式和方法不同，获得的审美体验也各有不同。

### 一、美的表现

美是事物的属性，对于事物的存在形式具有依赖性和从属性。因此，美的表现形式一般是与它所依附的事物相一致的。概括起来讲，美的表现形式主要有以下几种。

#### 1.视觉形象

视觉形象是事物存在的一种基本形态，也是美的主要表现形式。不论是自然美、生活美，还是艺术美、技术美，大多表现为视觉形象。例如，艺术美中的绘画美、雕塑美和舞蹈美都是以视觉形象表现出来的。图1-3-1是元末明

图1-3-1　元末明初《骑吼观音》铜像

初的《骑吼观音》铜像。这件作品的造型美和工艺美是通过视觉形象表现出来的，其要表现的道德和精神美一部分通过视觉形象直接表现出来，另一部分是在视觉形象的触发下通过人们的想象和联想感悟出来的。

2.真实情境

真实情境是自然美和生活美的一种主要表现形式。自然美的真实情境常常表现为迷人的景色（见图1-3-2）、清新的境界、高远的空间等，一般都能使人的心境豁然、身心轻松；生活美的真实情境很多表现为欢乐的场面（见图1-3-3）、热烈的气氛等，能够使人感受到生活的快乐，激励和鼓舞人的精神。

图1-3-2　月牙泉

图1-3-3　安塞腰鼓

3.文化意象

在中国古典诗词中，有很多关于"明月"的诗，有的读来令人顿生思念之情，如"今夜鄜州月，闺中只独看"（杜甫《月夜》），有的读来使人有悲伤之感，如"明月夜，短松冈"（苏轼《江城子》）。为什么在诗文中读到"明月"二字，人们会产生强烈的情感反应呢？因为诗文中的"明月"已经不再是一种简单的自然事物，而是一种具有思想美的文化意象——"明月"是相思的象征。

文化意象是人类思想美和精神美的主要表现形式。这种表现形式以各种自然事物为基础，通过赋予一定的思想和精神内涵而使其成为一个个文化意象，借以表现思想美和精神美。例如,电视连续剧《红楼梦》中有一首插曲《红豆曲》,其中唱到"抛红豆",抛的实际是相思,是愁绪。因为"红豆"在这里已经不是一种简单的事物,而是一种具有思想美和情感美的文化意象。

4.感官知觉

美味佳肴是生活美的重要组成部分。香甜之美、舒适之美和快意之美主要是以感官知觉的形式表现出来的。例如,不论是甘蔗的甜美、佳肴的香美,还是好酒的醇美、果蔬的爽美,都必须通过品尝才能感受到。图1-3-4是枣子的照片。枣子的味美是通过感官知觉表现出来的。为什么人们看到这幅照片就能感受到其甘甜之美呢?这是因为以往的感官知觉在大脑中留下了印象,当枣子的形象再次出现时,以往的记忆性美感被唤起。

图1-3-4　稷山板枣

5.心理感受

亲情美、友情美和爱情美,这些美都是以心理感受的形式存在的,人们既可以在各种人际活动中真切地体验到,也可以通过文学和艺术作品以及现实情景感受到。例如,人们不论是聆听刘和刚演唱的《父亲》,还是聆听阎维文演唱的《母亲》,都能获得强烈的情感体验,感受到亲情之美。

## 二、美的分类

因为美没有主体性,只有从属性,美的分类一般是按照其所依附的事物的属性来分类的。按其所依附的事物性质来分,美主要分为自然类、生活美、艺术美、文字美、辞章美和科技美等六大类,下面,我们分别来看一下。

1.自然美

自然美有两个含义:一是指自然界中各种事物美的属性,二是指事物与生俱来的美。自然美的最大特点是单纯、本真,不加人工,一般能够给人以清雅、和美和素朴的印象,使人从中感受到自然的意趣。

自然美既是一切美的基础,也是各种美创造的基本参照。自然美的内容十分丰富，表现形式多样，其中，既有各种事物形象，也有各类情境，同时还有丰富的文化意象。例如，春天的牡丹、夏天的荷花、秋天的海棠、冬天的梅花，既是自然美的事物形象，同时又都是具有思想美的文化意象；辽阔的大海、壮美的草原、高远的天空、美丽的春色、迷人的秋景等，这些都是自然美的情境。图1-3-5是一枝雪梅，梅花在雪的映衬下显得傲骨铮铮，颇有神采，

图1-3-5　雪中梅

这是作为一种自然形象给人的美的印象。作为一种文化意象，它是坚贞、纯洁和高尚的象征——这是自然事物被赋予的思想美。

2.生活美

生活美是指人们为了满足生活的需要，通过劳动创造的一切物质中所表现出来的美，以及人们在生活、人际交往中能够感受和体验到的美。生活美以服饰美和饮食美为基本内容，以器物美、建筑美和人际美为重要组成部分。

生活美与人的距离最近，对人产生的情绪和精神影响一般要比自然美直接和强烈，尤其是饮食美和人际美。因此，拥有一个良好的人际关系圈子，可以使人积极乐观，富于朝气和奋斗精神，事业更容易取得成功。

3.艺术美

艺术美是以自然和生活为基础，通过对自然美和生活美的提炼和加工创造出来的一种美。相对于自然美而言，艺术美中不仅加入了思想美的元素，而且精神美更为突出，因而，艺术美不仅给人的审美影响积极强烈，而且更能鼓舞人的精神、增强人的信念等；相对于生活美而言，艺术美更加集中和典型，给人的情感与精神影响更为直接和强烈。

4.文字美

文字是记录语言的符号系统。任何一种文字的创造都融入了人类的智慧。文字之美主要表现在两个方面：一是形体的图画美，二是表意的内涵美。

5.辞章美

辞章美有两大内容：一是指语言本身所具有的各种美的元素，其中包括音

韵美、词义美、修辞美和语法美；二是指各类以辞章形式存在的事物中所包含的美，其中包括应用文和文学作品的思想美、形象美、意境美等美的元素。

6.科技美

科技美是指科技应用在产品上所表现出来的各种美，其中包括设计美、技术美、适用美和效能美。

## 第四节　美育及其作用

美育是以人对事物的审美判断与情感体验为基础，借助于各种事物之美对人进行积极的影响，从而实现人格塑造的一种教育。因为美育的形式生动活泼，过程轻松愉快，因而，美育教育一般都能使人乐于接受，教育效果十分显著。

对于个人而言，美育不仅能够焕发生活热情、激励精神、培养志趣和优化心性等，而且能够丰富思想和提升创造力。对于一个学校来讲，美育搞得好，学生的志趣高雅，行为偏差会大大降低。与此同时，美育搞得好，各种文艺活动易于开展，校园气氛活跃，教学秩序会更好。

### 一、美育对学生发展的作用

因为美育是一种乐在其中的教育，不仅能够使人心情愉快，唤起人的生活热情，而且能够激励人的精神，培养人的情志。与此同时，各种审美对象都具有唤起人的想象与联想的作用，因此，美育可以活跃人的思想，培养和提高人的创造力。总的来讲，美育对于学生的发展具有以下几个作用。

1.激发热情

美育一般都是把事物美好的一面展示给人看，使人在获得审美享受的同时，感到生活是美好的，因而极易唤起人的生活热情，使人热爱生活，更有激情地生活。通过积极的审美活动，人们不仅能够看到生活的美好，而且可以感受到人生的精彩，从而更加热爱生活、热爱生命，更好地生存和生活。因为热爱生活，便会懂得生活，就会生活得更好。例如，观看舞蹈表演，看舞者无忧无虑、欢快、忘我地舞蹈时，我们不仅会倍觉轻松，而且精神会受到鼓舞。

2.陶冶情操

美育活动通过唤起人们的美感体验而改变人的心境，纯洁人的灵魂，陶冶人的性情，使人以更加积极的心态、更加乐观地生活。与此同时，美育可以提高人们对美和丑的判断能力（即审美能力），增强人们的生活趣味等。以音乐欣赏为例。音乐对人的性情有极大的陶冶作用，会使人成为一个感情丰富的人，一个有格调和品位的人，一个富有同情心的人。工作之暇，茶余饭后，静下心来听一首曲子，不仅能陶冶我们的性情，而且能释放工作和生活压力，使我们身心清爽，感受到生活的美好。

3.激励精神

当人们在审美实践中获得强烈的情感体验，生活热情被唤起之后，会自然而然地产生对美好生活的向往之情。有了对美好生活的向往之情，人的进取意识随之产生或增强，精神会得到激励和焕发。

4.丰富和提升思想

美育所利用的各种审美元素中，具有文化内涵的占绝大多数。例如，我们欣赏的各种花卉，大多都有花语；借以观照人格的各种事物形象，都有寓意或象征义等。因此，美育不仅可以丰富文化知识，而且可以丰富和提升思想。

5.提升创造力

美育活动都是以美好的事物形象或情境为基础展开的。美育所利用的事物形象或意境一般都能触发欣赏者的联想，引发其想象，使欣赏者的思维能力得到发展，创造能力得以提升。因为在美育活动中，人的心情是轻松愉快的，在这种状态下，思维是十分活跃的，因此，美育有利于学生思维的发展。

## 二、美育对学校发展的作用

美育不仅能够使学生的志趣变得高雅，使其脱离低级趣味，而且可以增强学生的美丑和荣辱意识，减少其行为偏差。与此同时，美育搞得好，学生的审美能力增强，各种校园文化活动易于展开，校园气氛活跃，学生生活热情高涨，进取意识增强，德智教育的效果也会显著提高。概括起来讲，美育对学校发展具有以下几个方面的作用。

看微课

美育对学校发展的作用

1.降低管理成本

在文化大开放的背景下，大学生的思想十分活跃。与此同时，大多数同学在中学阶段都不同程度地承受过各种压力，其心态已不再平和。在这样一种情况下，越是说教，越容易加重其逆反心理，从而导致管理成本增加。

美育通过唤起人的生活热情，修复人的心灵创伤，增强人的生活信念，使人对未来充满希望，从而激励和鼓舞人的精神。与此同时，美育可以增强人分辨美丑善恶的能力，强化人的荣辱意识，美化人的行为，使人自觉地约束自己。因此，美育课开得好，学生自我完善的意识和进取意识都会大大增强，违纪现象将会大大减少。

2.优化内部人文环境

学校内部的人文环境不仅影响着师生的情绪和精神状态，而且直接影响着教育教学质量，特别是德育质量。美育搞得好，学生的审美意识增强，志趣变得高雅，就会自觉地远离低级趣味的东西，积极参与各种文化活动。这样一来，学校内部各种文化活动不仅容易开展，而且更容易收到良好的效果。内部文化活动多了，不仅校园气氛活跃，师生热情高涨，而且人际关系会更加和谐，校园秩序会更好。

3.提高培养质量

高等教育的根本任务是将学生培养成具有创造性工作能力的人。为了实现这个目标，基本的知识传授是必要的，但创造性思维能力的培养更为重要。没有创造性的思维能力，知识很难转化为能力。

一个人创造性思维能力的形成主要依赖于两个基础：一是丰富的感性积累，二是大量的想象与联想活动。美育不仅以各种事物形象和情境为基础，在丰富大学生的感性积累方面效果十分显著，而且时刻伴随着想象与联想活动，能够有效培养和提高大学生的创造性思维能力。也就是说，美育课开得好，能够有效地增进智育效果，提高人才培养质量。这一点，已经被世界发达国家的教育实践所证明。

4.增强发展后劲

一个学校有没有发展后劲，人文积淀和口碑是十分关键的。美育搞得好，师生乐在其中，校园秩序井然，不仅可以形成良好的校风，而且可以优化学校人文氛围，增加人文积淀。更为重要的是，美育抓得好，学生的热情被唤起，精神被激励，信念被强化，这样更容易使其成才。一个个学生成人、成才后，他们就会感恩母校、赞誉母校、回报母校，这样一来，学校的发展后劲会更足。

# 第二章

# 审美活动

　　由于美无处不在,人们的审美活动随时随地都会发生。其中,有的是在无意识的状态下自然而然发生的,有的是在有意识的情形下发生的。由于主观作用不同,对美的体验深度不同,获得的审美享受也各不相同。一般情况下,在审美活动中,主观能动性越强,对美的体验越深刻,获得的美感享受就越充分。

　　人们的审美活动一般分为休闲性审美、情感性审美、精神性审美和思想性审美等四种类型。表现在美感体验上一般是直觉反映、情感体验、精神感受和思想分析。

## 第一节 直觉反应

看微课
直觉反应

美的事物一般都能唤起人的情感体验，使人轻松愉快。与此同时，美具有直觉性，易于为人们所感受。因此，人们将各种审美活动作为积极的休闲生活方式。在休闲性的审美活动中，人们对美的体验一般表现为直觉反应。下面，我们通过分类举例来看一下。

### 一、自然审美

现实生活中，人们经常到花园赏花，在公园散步，或者登山临水等。在这些休闲生活方式中，人们能够获得各种自然美的审美体验，从而感到舒适和惬意。

在花园里赏花，直觉美感可能来自于鲜花的美丽，也可能来自于枝叶的鲜活，还可能来自于小草的精神暗示；在公园里散步，直觉美感可能来自于花香鸟语，也可能来自于浓荫下的清爽，还可能来自各种视觉景象等；登山时的直觉美感，可能来自于高山的俊秀、树木的葱茏、山路的崎岖，也可能来自溪水的淙淙，还可能来自于花草的幽香等；临水的直觉美感可能来自于水的清澈、水面的辽阔，也可能来自于清风的凉爽等。

总之，一切自然美的东西都易于引起人的直觉反应，唤起人的美感体验，使人感到轻松愉快。

### 二、艺术审美

相对于自然美而言，艺术美比较典型和集中，更容易引起人的直觉反应。当一幅画吸引了人的眼球，一段音乐触动了人的心弦，一件雕塑引起了人的注意，审美直觉都会随之产生。

人们参观画展，欣赏一幅幅绘画作品时，首先感受到的是其色彩美、线条美和构图美，在经过分析之后，才能体会到其中的思想美和精神美；欣赏音乐，最直接的感受是旋律美和节奏美，至于音乐形象、音乐意境等，只有在展开了想象和联想之后才能理解和把握；面对一件雕塑作品，人们首先感受到的是其体量美和工艺美，作品的象征意义只有经过联想分析之后才能理解和把握……

在一切艺术审美活动中，直觉反应都是最先发生的。在经历直觉反应这一阶段之后，情感体验、精神感受和思想分析等深层次的审美活动才会相继发生。

### 三、生活审美

生活中的事物之美，很多是直接诉诸人的感官的，单凭感知觉就能完成整个审美过程。例如，享受各种美食，不论是观其色、闻其香，还是品其味，都是感知觉审美，其审美感受一般都表现为直觉反应；饮酒、品茶、喝咖啡，这些审美活动都是直觉性的。

在这里，需要注意的是，人的休闲性审美活动常常是综合性的，获得的美感直觉有时也是比较丰富的。例如，我们到咖啡馆里去喝咖啡，本来是去品味生活之美的，但咖啡馆里清雅的音乐使我们感受了艺术之美，桌上一盆鲜花又使我们感受了自然之美。

## 第二节 情感体验

人类生活之美关键在于一个"情"字。不论是亲情、友情，还是爱情，有真情存在的地方，都会使人感到美好。感情虽然存在于人的内心，但可以通过自然事物的观照和艺术作品表现出来。也就是说，在自然审美和艺术欣赏活动中，人们都能获得一定的情感体验，感受到人生的美好。

### 一、自然观照

在自然界中，有很多事物被人们赋予了思想内涵，用来象征人类感情的美好。例如，双栖的鸳鸯、成对的蝴蝶和并蒂莲花象征着美好的爱情，羊羔跪乳、乌鸦反哺和善竹同根象征着亲情，藤树相依和善水载舟能够使人看到友情。下面，我们通过两个例子来看一下。

图2-2-1是笔者在宁夏贺兰山上拍到的岩羊的照片。从这张照片上可以看到，光秃秃的石山上很难见到绿草，即使可以食用的树叶

图2-2-1 母爱

也是不多的。为了给孩子找一口吃的，老岩羊顶着烈日，不知已经翻越了多少山头，但丝毫看不出疲倦。那回眸的瞬间，似乎在告诉孩子："再坚持一会儿，前面就有吃的。"面对着这样的情景，我们自然而然地会感受到亲情的力量，获得情感美的体验。

图2-2-2是一幅叶落归根的照片。这幅照片所反映的情境中包含有丰富的情感元素，只要展开审美联想，就会获得充分的情感体验。每一片叶子都是树木养育的，为了不负养育之情，叶子在生长时以勃勃生机显示着自强不息的精神，把吸收到的每一束光化为养分回报给树木；当生命枯萎，叶落归根，让

图2-2-2 叶落归根

自己化为泥土中的一份养分，再次回报树木的生养之恩。从落叶身上，我们不仅能够得到精神的激励，还能获得真情的洗礼。

在自然事物和景象中，具有情感观照性的很多。在面对这类事物或景象时，只要善于联想，就能从中获得情感体验，得到审美享受。

## 二、艺术欣赏

艺术是以触动人的情感神经、引起人的情感反应为基本手段对人进行熏陶和感染，从而美化人的心灵、完善人的道德、振奋人的精神，使人更加快乐、更加高尚、更加充实和更加有为地生活。因此，艺术欣赏活动总是和情感紧密联系在一起的。例如，人们观赏影视剧，常常为剧中人物的命运伤感落泪；欣赏声乐作品，经常被歌词所写带进想象与联想之中。这些都是情感体验的结果。这里，我们欣赏一下二胡独奏曲《赶牲灵》，用心体会一下。

除了自然事物的观照和艺术表现外，在各类辞章中集中表现感情的例子俯拾皆是。特别是古典诗词，以抒情为创作目的的占绝大多数。例如，柳永的《雨霖铃》、李清照的《武陵春》、陆游的《钗头凤》等，都是感人肺腑的抒情名篇。

看微课

赶牲灵

## 第三节 精神感受

不论是自然界，还是人类社会，都存在着一些从表面上看很普通、很平常的事物或现象，但只要对这些事物或现象加以审美分析就会发现，它们具有一种令人感奋的精神美。下面，我们通过几个例子来体会一下。

### 一、蝴蝶的精神美

图2-3-1是一对蝴蝶结伴而飞的情景。这是一种人们能够经常看到、似乎十分普通的情景。一般人看到这一情景，最直觉的判断是蝴蝶很美丽。其中，有的人也会联想到梁山伯和祝英台的故事，从而获得一定的情感体验。但很少有人对这一景象进行深层次的审美分析，错失其精神美给人的激励和鼓舞。

看微课
蝴蝶的精神美

图2-3-1 蝴蝶

这一情景的精神美表现在哪里呢？很多种蝴蝶的生命是短暂的。但不论是只有一个月，还是只有短短的几天，蝴蝶都会快乐地飞舞，一是展示自己的美丽，二是享受生命的美好。在蝴蝶身上，我们能够看到一种乐观向上的精神，从中受到激励和鼓舞。

### 二、蜜蜂的精神美

图2-3-2是蜜蜂采花酿蜜的情景。蜜蜂中的工蜂寿命一般是30—60天。在

看微课
蜜蜂的精神美

图2-3-2 蜜蜂

有限的生命里，蜜蜂辛勤劳作，从不懈怠，直到生命的最后一刻。在蜜蜂的身上，不仅昭彰着勤劳的美德，而且书写着无私奉献的精神。从蜜蜂身上，人们不仅会受到道德的感染，而且能得到精神的激励。

### 三、蚂蚁的精神美

图2-3-3是一只蚂蚁在搬移着重量是自己体重数倍的食物。蚂蚁是渺小的，其貌不扬，常常被人忽视。但从这幅图展开思考，我们的内心就会有不同的感受。虽然自己的力量很单薄，但为了创造美好的生活，它不怕困难，不辞劳苦，拼着全部体力要把体重大于自己数倍的食物搬回去，不仅是为了自己，也为了同巢中的"亲友"。从这幅图中，我们首先看到的是蚂蚁坚韧顽强的精神，其次看到的是蚂蚁的担当精神、刚健有为精神和奉献精神等。

图2-3-3 坚韧顽强

图2-3-4 合作精神

图2-3-4是五只蚂蚁协力搬移半颗花生的情景。从这一情景中，我们既能看到蚂蚁的合作精神和集体意识，也能看到蚂蚁的进取精神和拼搏精神等。

## 四、石间生命的力量

图2-3-5是贺兰山山石间生长的树木,图2-3-6是泰山上扎根石中的树木。从这两幅图我们能看到的不仅是生命的力量,而且能够看到自强不息、顽强拼搏的精神,以及扎根贫瘠依然乐观向上的精神等。

看微课

石间生命的力量

图2-3-5　贺兰山石间生命

图2-3-6　扎根石中的生命

在自然界中,具有精神美的事物和景象随处可见。只要善于展开联想和分析,一般不难从中获得激励和鼓舞。

在各类艺术样式中,表现精神美的作品也很多。相对于自然事物和景象中所具有的精神美而言,艺术作品所表现的精神美更加典型和突出,能够给人的激励和鼓舞更为强烈。下面,我们来看几个例子。

图2-3-7是清代郑燮的《竹石图》轴。此作以坚硬的岩石为背景,画了两枝形象清瘦但奋发向上的竹子。画上的题诗是"咬定青山不放松,立根原在乱崖中。千磨万击还坚劲,任尔东西南北风。"不论是画中物象,还是画上题诗,都要表现的是竹的气节和精神。竹虽扎根贫瘠,依然不失奋斗之志;历经风雨,毅然坚守信念。

图2-3-8是苏武纪念馆门前的主题雕像,雕刻的是苏武牧羊的形象。要弄清

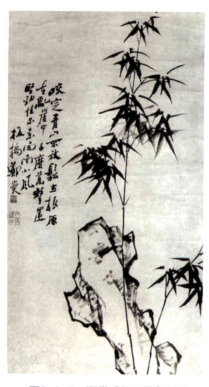
图2-3-7 郑燮《竹石图》轴

图2-3-8 苏武牧羊

楚这一雕像所表现的精神美,得联系历史来看。

西汉天汉元年(前100年),苏武奉命出使匈奴,恰逢匈奴内乱,苏武被扣。匈奴贵族威逼利诱,逼迫苏武背叛汉朝,臣服单于。苏武宁死不降,于是,匈奴人将他迁到北海边牧羊,采用冷冻、饥饿等非常手段逼降。在食物断绝、连草根都没得吃的情况下,苏武硬是撕着破棉絮吃来充饥。就这样,苏武在常人难以想象的折磨下,被扣匈奴19年,始终持节不屈。

因为苏武的气节精神突出表现在北海牧羊这样的非常时期,所以创作者通过苏武牧羊的形象来表现其精神品德。

李清照有一首《夏日绝句》诗是这样写的:"生当作人杰,死亦为鬼雄。至今思项羽,不肯过江东。"这首诗既表现了项羽这个人物的精神美,又表达了作者坚守气节的情志。要理解诗中的精神美,我们有必要讲述一下项羽乌江自刎的历史背景。在垓下被围后,项羽凭借着自己的勇武杀出重围,带着几十个人逃到乌江边上。这时,乌江亭长划船要渡项羽过江。项羽对乌江亭长说:"天之亡我,我何渡为?且籍与江东子弟八千人渡江而西,今无一人还。纵江东父兄怜而王我,我何面目见之?纵彼不言,籍独不愧于心乎?"这段话既表现了项羽对江东父老的愧疚之心,同时也表现了他知耻之心和不苟且偷生的气节精神。

## 第四节　思想分析

大学美育的一个重要任务是培养大学生判断美丑善恶和分辨是非的能力。这种能力既是做人的基本能力，也是做事的重要基础。培养判断美丑善恶和分辨是非的能力，途径和方法很多，思想分析是其中最为有效的一种。

因为自然事物和景象之美一般凭直觉就能做出判断，并且很容易从中获得情感体验，所以，本节讲的思想分析主要是就人的行为、社会现象和以文化样式出现的各种事物而言的。下面，我们分别举例来看一下。

### 一、人的行为

一个人能不能赢得他人的尊重、拥护和帮助，关键在于他的人格。一个人的人格最直观的表现是他的行为。那么，什么样的行为是美的？什么样的行为是丑的？有没有明确的标准？

在任何一个文化背景下，人们行为的美丑是非都有一些基本的评价标准。这些标准首先表现为本民族的道德规范，其次表现为人类最基本的文明观念，最后表现为同一文化背景下人们的审美观和价值观等。

例如，当人们看到图2-4-1这种情景时，会很快做出是非判断——这种在公共场所乱刻乱画的行为是不美的。因为这种行为是一种破坏行为，行为的结果是直接损害了公共利益，具有明显的丑恶性，所以人们一般都会认为是不美的。

图2-4-1　被刻画的竹子

特别要注意的是，虽然人的很多行为不能完全依据道德规范对其做出是非美丑的准确评判，但在旁观者的心中无疑会有一个基本的看法。例如，你穿着大腿部位有破洞的裤子，虽然不违法，也不受道德的谴责，但在旁人的眼中，你不会被认为行为端庄和气质高雅，在他人的心中，你很难留下"有修养"的好印象。

能够分辨行为的美丑，并自觉约束自己的行为，使自己的每一个行为都合乎社会道德规范，你就能够赢得他人的尊重。别人尊重你，才会拥戴你、帮助你，你的事业才可能辉煌，人生才会精彩。

## 二、社会现象

人在社会上生活，不可能不受社会环境的影响。关键是在面对各种社会现象时，能够分辨是非美丑，择善而从。对于那些不良的现象，思想不受其影响，行为不受其干扰，坚守人生正道，活出自己的精彩与辉煌。

例如，近年来社会上有一种普遍现象——一些青少年朋友盲目追星。追的结果是很多人的人生观和价值观出现偏差，进取意识被弱化；还有一部分人的人生理想严重脱离了自身实际，正常的学业被荒废……这两种情况最终导致的后果都是令人惋惜的。

又如，在近些年的大学毕业生中也存在一种现象——有的人大学毕业后，总想找一份自己理想中的工作，一旦理想与现实发生冲突，干脆待在家里"啃老"。造成这种现象的原因是多方面的，其中一个主要原因是一些大学生的思想不够成熟，缺乏脚踏实地的精神。

其实，只要认真地想一想就会明白，任何一个社会都不会因某个人的意志而发生改变。当理想与现实发生冲突时，每一个人都必须调整自己的思路，学会适应和融入社会。况且，任何一份职业只要踏踏实实去干，都能干出成绩，都可能使自己的人生变得辉煌。

## 三、类文化事物

在自然界中有两种现象：一种是长在花园里的杂草，虽然不能成为审美主体，不能使人赏心悦目，但与人无害，有时候还能多少增添一点意趣；另一种是长在菜园里的毒草，常常被人误食，致人中毒，直接危害人的健康。在文化生长的社会土壤里，也有着与这两种现象极其相似的情况，很多貌似文化的东西有一部分是对人无大益但也无害的非文化，还有一部分是对人直接有害的反文化。不论是非文化，还是反文化，凡是以貌似文化的形式出现的，我们统称为类文化事物。

类文化事物只有文化的表现形式，没有文化的基本内涵。其中，非文化性的一般对人没有危害，反文化的都会对人产生危害。

所谓非文化，是指那些虽有文化的一般表现形式或搭载于文化的常用媒介，但不具备文化的基本特点，不能够对人们产生积极作用，同时也不会对人们造成危害的事物。例如，一些逗乐的笑话、纯粹娱乐性的电视小品、口技、魔术和模仿秀等。

所谓反文化，是指那些危害人们的思想和精神健康，弱化人的道德心，以及容易使人的行为出现偏差的社会事物。例如，那些以人的"口吃"取乐，以人的贫穷作为笑料的小品，不仅会弱化人们的同情心和关爱心，而且会给对应的人群造成精神伤害，这样的作品就是反文化。

反文化对人们的影响是消极的，其消极性可以从各个方面表现出来：一是玷污或腐蚀人们的思想，使人们的人生观、价值观和审美观等出现倾斜；二是腐化人的精神，动摇人的信念，削弱人的进取心，消磨人的意志等；三是侵蚀人的心灵，使人丧失仁爱心、同情心、宽容心等；四是刺激人的本能和欲望，使人的行为失控……总之，反文化的作用不论是从哪个方面表现出来，都会对人们和社会造成危害。

值得注意的是，反文化有时并不是独立存在的，而是作为一种元素隐含在一些文化或非文化的事物之中的。例如，一个五音不全的人，梦想着成为一个歌唱家，整天在街头卖唱，这件事本身对年轻一代来讲就是一个反面教材——因为对一个人来讲，要想有所作为，首先必须从自身的实际出发，空想、幻想都可能自误。如果我们把这个反面教材当作一个正面典型来搬上荧屏，实际上就是把一种非文化催化成一种反文化。为什么要这样讲？因为你这样做，实际上是对空想、幻想等错误行为的一种鼓励，是一种误人的行为。当一个人迷失于幻想中的时候，即使你不去惊醒他，他也可能会自我惊醒，但是你鼓励他去幻想和空想，就会使他迷失得更远。

反文化的危害性虽然在很多时候是潜在的，但其对于人们和社会造成的影响是不可忽视的。从对个人的影响来看，反文化不仅可以腐化人的思想，扭曲人的灵魂，摧毁人的精神，泯灭人的道德意识等，而且可以直接使人的行为出现偏差，甚至违法犯罪。例如，一些人看完反文化的淫秽录像后，淫欲冲昏头脑，失足于强奸犯罪的泥潭；还有的人受"有钱能使鬼推磨"反文化思想的影响，物欲膨胀，走上了抢劫、偷盗等犯罪的道路。

　　反文化是一种精神毒品，常常像真正的毒品那样，也能够给人带来一些快感，容易使人不自觉地接受它，在不知不觉中受其毒害。因此，要善于识别和自觉地抵御反文化，切实维护自身的身心健康。

# 第二章

# 自 然 美

　　自然美是指各种自然事物美的属性和非自然事物原本就有的美的特质。自然美具有广泛的认同性，它既是人们审美思想形成的基础，也是各种审美标准产生的基础，同时也是生活美、艺术美和技术美创造的参照和范本。因此，人们不论是欣赏美，还是创造美，一般都从认识自然美开始。

## 第一节 事物美

歌曲《我的祖国》中有一句歌词:"姑娘好像花儿一样。"这句歌词之所以用鲜花来比喻姑娘之美,是因为鲜花这种自然事物是人们公认的美的代表和象征。和鲜花一样,自然界中有很多事物都具有美的特质。

在这一节中我们所说的事物特指各种自然事物。事物美既是自然美的主体部分,也是一切美创造的基础。不仅人们对美的认识是从自然事物开始的,而且人类各种美的创造活动也是从对事物美的利用、改造和模仿开始的。

### 一、基础与参照

当自然事物的美通过悦目、悦耳等引起了人们的兴趣,人们对美的认识活动就开始了。在认识美和欣赏美的过程中,人的审美意识不断被强化,美的创造欲也随之产生。例如,上古时代,当人们在不断地聆听了天籁之音以后,逐渐具备了音乐欣赏的能力,音乐的创造意识不断被强化,于是,陶埙、笛子等相对简单的乐器就被制造出来,从此,人们的生活中就有了音乐美。

图3-1-1是1987年在河南省舞阳县贾湖遗址出土的一支距今8700年的骨笛。这支骨笛是用鹤类尺骨管制成,磨制精细,7孔。经过中央民族乐团的演奏家用这支骨笛进行实际演奏实验证实:这支骨笛不仅能够奏出完整和相当准确的五声音阶,音色明亮、古朴,而且还能够完整演奏一些现代乐曲,如中央民族乐团的演奏家使用这支骨笛吹奏出了五声阶的曲子《小白菜》。

图3-1-1　贾湖骨笛

特别要注意的是,这支骨笛的制造至少在两个方面取法于自然:一是气流通过孔洞的发声原理,二是鹤骨的质地美等自然特质。

人类对于自然美的利用在上古时代的装饰品上十分常见。图3-1-2是出土于北京山顶洞遗址，距今3万年的穿孔兽牙。这种穿孔兽牙共出土了125枚，每枚兽牙的牙根均有一个穿孔，有的因长期佩戴，孔眼已磨光变形。其中，有5枚出土时呈半圆形排列，据此可以判定，这些穿孔兽牙当时可能是成串的项饰，即山顶洞人佩戴在颈部的装饰品。

这里，有两点值得注意：一是人们能够将兽牙穿起来做成项饰，说明当时山顶洞人已有了一定的审美意识；二是人们将兽牙穿起来作为装饰品，说明人们觉得这个东西是美的。

不论文化的源流存在多大的差异，也不论文化思想有什么不同，人类对美的认识过程基本是相同的。图3-1-3是出土于欧洲马格德林文化时期的一件撮棒，其制作年代距今约14000年左右。这件物品不论是形状，还是纹饰，在制作时都是以自然事物之美作为参照的。

图3-1-2　穿孔兽牙　　　　　　图3-1-3　有环线纹饰的撮棒

## 二、存在类型

自然造化的神奇是语言难以形容的，事物品类之丰富也是很难用数量去描述的。自然事物无处不在，其中可作为审美对象者难以计数。这里，我们就以人们所熟悉的自然事物归类举例做一审美性的简介。

### （一）天地日月

天地日月是一切自然事物中美的内涵最丰富的几种事物，也是能够给人多种审美感受和易于唤起人们审美体验的事物。这几种事物因为美的内涵十分丰富，因而在各种艺术作品、文学作品中出现的概率很高。例如，"大漠孤烟直，长河落日圆"表现的是壮美，"夕阳无限好，只是近黄昏"写的是凄美，"明月松间照，清泉石上流"表现的是静美，"月上柳梢头，人约黄昏后"写的是情境美……在文学作品中，有关天地日月的描写俯拾皆是；在各种艺术作品中，以天地日月为表现对象的不胜枚举。

天空之美首先在于它的博大、高远和辽阔，给人以心旷神怡的视觉美感；其次，蓝天白云的点缀，使天空清新净美，给人以清爽、清新和纯净的美感；再次，天空的空旷给人以轻松的心理感受等。

大地之美首先表现为活力美和生机美，使人看到希望，激励和鼓舞人的精神；其次，表现化育万物和承载一切的精神美，不论是春夏秋冬，还是风晴雨雪，各种美的景象都在大地上演绎；最后，平原的辽阔、山地的灵秀、泥土的芳香等各有其美。

太阳之美，首先在于光明和温暖；月亮之美，首先在于明亮和清净。在其自然美的基础上，人们又赋予了它们丰富的人文内涵，使它们成为文化意象。

（二）山水树石

山水之美是自然美中最具魅力的部分，历来被人们视为大美。古往今来，人们不仅乐游山水，寄情于山水，而且将山水之美作为辞章和各种艺术作品表现的重要内容。从泰山上历代人们留下的手迹，到华山上的各种历史印记，从西湖的传说，到扬州的佳话，无一不见证着人们的山水之爱。

山之美首先在于厚重美、稳定美和崇高美；其次，因山势、高度等不同，山还有奇险、俊秀和巍峨等各种美的姿态；最后，走进山中，人们还会真切地感受到清新美和幽静美等自然之美。例如，泰山以雄伟和崇高而受人敬仰，华山以神奇险峻而令人神往。

水之美首先在于清澈和爽净，其次在于柔和。此外，与水相关的雨、雪、冰、露等各有其美，都能使人获得一定的审美体验。例如，人们经常用"冰清玉洁""心地澄澈"等词语赞美人，就是取义于水之美的。

山之美离不开树和石。树之美首先在于生机与活力，即人们所说的生机盎然、郁郁葱葱等。其次在于姿态和精神。石之美首先在于坚固和安稳，其次在于形态。此外，树与石的结合常常表现出一种精神美。

（三）珍禽灵兽

在现实生活中，有的人喜欢养鸟，有的人喜欢养鱼，很多人家还养小猫、小狗……人们之所以将这些作为一种乐趣，是因为珍禽灵兽各有其美，能够给人以或多或少的审美享受。例如，鸟儿美丽的羽毛（见图3-1-4）、清脆的叫声，鱼儿美好的形象、欢快的动作（见图3-1-5）等。

图3-1-4 鸟儿觅食归来

图3-1-5 鱼儿畅游

#### （四）花草果蔬

花草果蔬是人们接触最多的自然事物，也是人们从中获得审美感受最多的事物。这些美不仅全方位地融入了人们的日常生活，而且是人们艺术创作、辞章表现和工艺品制造等最常见的题材。

鲜花之美有的表现为美丽的色彩，有的表现为清醇的香气，有的表现为优雅的形态，更多的是兼而有之（见图3-1-6）。与此同时，鲜花之美还在于生机与活力。鲜花之美既是人们一致认同的自然美，也是人们评价事物美丑的基本参照。例如，人们把少年儿童比作花朵，说"姑娘好像花儿一样"（歌曲《我的祖国》），都是以鲜花之美作为审美参照的。

图3-1-6 月季花

草之美首先在于生机、活力和精神，其次在于其清爽悦目的绿色，最后是很多草会开出朴素的小花，有一种清纯之美。

果蔬之美首先在于其爽口之味，其次在于其色、香和形等。更为重要的是，当果蔬进入人们的生活之后，又成为生活美的一部分，使人获得直接而真实的美感享受。

## 第二节　景象美

上面我们所讲的事物美是就各种事物的个体形象而言的，景象美是指事物的群像美。一种景象不论是由一组同类的事物组成，还是由一组不同的事物构成，其基本特征都是以群像的形式出现的。相对于事物的个体形象之美而言，景象美的内涵更加丰富，给人的美感体验更为强烈。

从《诗经》中的"蒹葭苍苍，白露为霜"（《诗经·蒹葭》），到唐诗中的"明月松间照，清泉石上流"（王维《山居秋暝》），中国古典诗词中的景象描写随处可见。景象一般是通过给人以视觉美感直接引起人的情感反映，也有一部分是通过触发人的想象与联想，使人的思想有所触动，从而激励和鼓舞人的精神。

### 一、美感景象

美感景象是指具有充分的视觉美，能够直接引起人的审美感受的景象。美感景象一般为单纯的自然景色，使人一看就觉得很美，但没有能够直接触发人的想象和联想活动的特征或暗示性。

美感景象是各类景象中数量最多的自然景象。例如，春天桃花盛开的景象，夏天荷花绽放的景象（见图3-2-1），秋天果实累累的景象，冬天寒梅傲雪的景象，这些都是美感景象。

美感景象不论是由一组相同的事物组成，还是由一组不同的事物组成，其美感都要比任何一个组成元素原有的美感强烈，这不仅是因为组成景象的事物美感互相叠加，而且是因为景象的

图3-2-1　西湖荷花

视觉冲击力比单个事物形象要强得多。图3-2-2是由一组秋天的白杨构成的景象，这一景象之美并不在于白杨树本身的形象，而是在于一组白杨共同表现出的金秋景色。

图3-2-2　秋天的白杨林

美感景象能够直接唤起人的美感体验，使人获得充分的审美享受，但也会使人的思想停留在审美的层面。也就是说，美感景象除了具备美的特征外，一般没有思维的启示性，不能将人的思维活动引向深入。

## 二、精神景象

在自然界中，有一些景象使人一看就能将其与人的精神联系起来，这类景象我们称之为精神景象。例如，在图3-2-3这一景象中，石缝间生长的小树表现出了生命的力量。这样的景象能够使人联想到坚毅、顽强和努力拼搏等人格力量，具有精神美的内涵。又如，图3-2-4是寒梅傲雪的景象，这一景象之美虽然直接表现为梅花的艳丽，但其大美却在于梅花傲雪斗寒的精神。

精神景象是一种以物观人的景象，虽然很多精神景象都有自然美的属性，但是这种景象的美主要还在于它所表现出来的人格精神之美。我们欣赏这类景象，也要以其所表现的精神美为关注点。

图3-2-3　生命的力量

图3-2-4　寒梅傲雪

### 三、情感景象

情感景象是指那些具有一定的感情特征，能够使人联想到亲情、友情或者爱情的景象。情感景象之美主要在于它所表现出的感情美。通过情感景象，人们不仅能够获得积极的情感体验，而且在一定程度上能够受到灵魂的洗礼。图3-2-5是鸟儿哺育雏鸟的景象，由这一景象人们会联想到父母的养育之情，重温亲情的美好。图3-2-6是羊羔跪乳的景象，由这一景象人们可以联想到母亲的养育之情，从而使感恩之情被唤起，报恩之心被激活。

看微课
情感景象

图3-2-5　鸟儿哺育雏鸟

图3-2-6　羊羔跪乳

## 第三节　情境美

情境美实际上就是环境美。不论是事物的形象美，还是景象美，人们都只能置身物外去欣赏，只有情境美可以使人置身其中去体验。因此，情境美给人的美感享受是充分的，使人获得的美感体验是直接而强烈的。唐代张继的一首《枫桥夜泊》不仅描绘了富有诗情画意的视觉情境，而且描写了美妙的听觉情境。从视觉方面看，月亮落下的时分，江上的渔火显得格外明亮，在渔火的映照中，因思念亲人而彻夜难眠的游子形象显得十分清晰；从听觉方面看，夜半的钟声，打破的不仅仅是夜的宁静，而且打乱的是游子的思绪。正是因为这首诗的视听觉情景交融，使其成为备受人们推崇之作，诗中的枫桥、寒山寺等景物也因此闻名于世。

根据情境能够使人获得的主要美感体验来分，自然情境大致可以分为视觉情境、听觉情境、触觉情境和心理情境四种基本类型。

### 一、视觉情境

视觉情境是自然情境中数量最多、内涵最丰富的一类情境。所谓视觉情境，是指具有充分的视觉美感，能够通过悦人眼目唤起人的情感体验，使人获得审美享受的情境。

视觉情境

春夏秋冬，塞北江南，每一种时空下都存在着各种各样的视觉情境，悦人眼目，舒人心境，催生人对美好生活的向往之情。例如，春天满目新绿、一派生机的情境，秋夜皓月当空、万物静肃的情境；江南湖水清幽、绿树倒映的情境，塞北天空高远、白云悠悠的情境。

视觉情境之美有的表现为旷远的空间感，有的表现为视觉的清新感，有的表现为鲜明的色彩美，有的表现为景物的丰富性和层次感等。

### 二、听觉情境

自然界中存在着各种美妙的声音，人们称之为天籁。天籁之音以其自然、纯净和清雅等美的特质，常常给人以美的听觉享受。在自然界的各种情境中，以天籁之音为主要审美元素的情境，我们称之为听觉情境。

听觉情境

在听觉情境中，闭上眼睛，仔细聆听，常常会使人在不知不觉中进入一种美妙的境界，获得充分的美感享受。例如，在春天的晴日里，清晨，躺在床上，沐浴着从窗户透射进来的暖阳，聆听窗外清脆的鸟叫声，享受一份快意；在春天的细雨中，午后，坐在屋檐下听春雨沙沙的声音，享受一份宁静。

不论是春夏秋冬，还是晴雨风雪，每一个季节里，每一种气候下，都有美妙的听觉情境。夏天的晴日，坐在浓荫下，听蝉声和鸣；秋日的黄昏，坐在树下，聆听叶落的声音；冬天的午后，沐浴着暖暖的阳光，听屋檐下冰雪消融的滴水声。总之，自然界中的听觉情境是十分丰富的，只要具有善听的耳朵，就能从各种天籁中获得充分的美感体验和享受。

### 三、触觉情境

杜甫的《月夜》诗中有"香雾云鬟湿，清辉玉臂寒"句。这两句诗写的是，秋天的夜晚，家中的妻子因挂念在外漂泊的丈夫而夜不能眠，坐在窗前望月思念，夜间的雾气已经浸湿了她的头发，清冷的月光下她的双臂感到寒凉。唐代李绅的《悯农》诗中有"锄禾日当午，汗滴禾下土"句。这两句诗描写的是，农夫在炎热的夏季冒着酷暑辛勤劳作的情景。不论是杜甫诗中"凉"的感觉，还是李绅诗中"热"的感觉，一般都是触觉感受到的。因此，这两首诗所描绘的情境实际上是一种触觉情境。

所谓触觉情境，是指必须依赖于触觉才能获得美感体验和享受的自然情境。在自然界中，很多情境之美是要依赖于触觉感受和体验的。例如，春天的早晨，田野中的清爽；夏日的正午，浓荫下的凉意；冬日的屋前，阳光下的温暖……这些美都是必须借助触觉来感受和体验的，其存在的情境就是触觉情境。

### 四、心理情境

人们常讲："境由心造。"在很多情境下，人的美感体验与享受实际上是一种心理感受。例如，人们喜欢坐在高处，喜欢坐在河边、湖边，喜欢站在窗前，喜欢沐浴在风中等，这些实际都是一种心理倾向。

所谓心理情境，是指那些人们凭借以往经验主观上认为美的情境。在心理情境中，人们获得的美感体验与享受主要源自心理感受。例如，有的人喜欢不打伞走在细雨中，即使被淋得像落汤鸡一般心里还十分畅快；有的人冬天喜欢在河边散步，即使被冻得瑟瑟发抖也感觉快意。

以上几种分类是相对的，实际上，自然界的各种情境常常不是单一的。例如，在秋日的黄昏，坐在树下听落叶触地的声音，常常伴有黄叶匝地的视觉美感，以及触觉上的清爽感和心理上的舒适感；夏夜，坐在荷塘边听几声蛙鸣，常常伴有视觉上的月夜美景，以及凉风送来的清爽等。总之，自然情境给人的美感享受一般不是单一的，能够使人获得的美感体验常常是丰富多样的。

## 第四节　意象美

电视连续剧《西游记》中有一首插曲《女儿情》，其中唱到"鸳鸯双栖蝶双飞，满园春色惹人醉……"唱词中的"鸳鸯""蝴蝶"在人们的心目中都是美好的象征，它们不仅有美丽的外表，而且有着很美的人文内涵。具体地讲，鸳鸯和蝴蝶在这里都是文化意象，是美好爱情的象征。

所谓意象，是指被赋予了特定的人文内涵的客观物象。说得简单一些，意象就是具有寓意或象征意义的事物形象。意象是自然美与思想美结合的产物，它们一般以自然美的形象出现，寄托人们的情感和精神，表达一定的思想。

因为崇尚自然是中国文化的基本理念，在这一思想的影响下，中国人向来对自然情有所钟，并且善于将自然物和人联系起来，以物寓人，由物的情态和精神等观照人格，因而，在中国文化中，以自然物形象为基础的意象十分丰富。这里，我们归类举例如下。

### 一、日月山水

唐代女皇武则天原名武照，在其67岁（690年）称帝时，更名为武曌。这个"曌"是一个会意字，意为日月同辉，当空普照，既明亮，又温暖。作为自然事物，太阳的温暖是人们一致认同的，月亮的明亮也是人们熟知的。那么，作为意象，日月的寓意和象征义又有哪些呢？

看微课

日月山水

作为一种意象，太阳首先象征着光明和温暖，象征着磊落和无私等。在此基础上，根据其在一日中的空间位置、情状等，人们又赋予了它不同的寓意和象征义。例如，朝阳（见图3-4-1）象征着希望，"如日中天"象征着辉煌，夕阳象征着成熟的人生和美好的晚年生活等。正是因为朝阳象征着希望，预示着光明的未来，人们对朝阳情有所钟。为了看日出，有人在泰山顶上露宿，有人在大海边守望，因为朝阳冉冉升起不仅是一种景象，而且是一种象征，其中寄寓着人们对未来的美好希望。

图3-4-1 朝阳

在中国古典诗文中,月亮是一种十分常见的意象。在张九龄的"海上生明月,天涯共此时"(《望月怀远》)和苏轼的"明月几时有,把酒问青天"(《水调歌头·中秋》)中,月亮是相思和思念的象征。这是月亮最常见的一种象征意义,这一象征意义在古代诗文中的应用举不胜举。例如,李白的"床前明月光,疑是地上霜。举头望明月,低头思故乡"(《静夜思》),张若虚的"人生代代无穷已,江月年年望相似"(《春江花月夜》),李商隐的"兔寒蟾冷桂花白,此夜姮娥应断肠"(《月夕》)。除了代表着相思和思念外,月亮这一意象还象征着美好、吉祥和圆满等。

在中国文化中,山和水是两个十分常见的意象。山的象征意义十分丰富。首先,象征的是永恒和厚重,我们平时讲的"父爱如山"就是取其"厚重"之意;其次,象征着依靠,"留得青山在,不怕没柴烧"取的就是此意;最后,象征着威严、崇高、博大等,"仰山知峻,临水怀清"就是取其"崇高"之意。此外,山还象征着追求、奋发向上、坚韧不拔等。正是因为山有着丰富的文化内涵,能够给人以思想的启示和精神的感召,因而,中国人有崇山、敬山的传统。

自从老子提出"上善若水",全方位地论述了水的美德之后,水作为文化意象的寓意和象征意义不断丰富。首先,水是纯洁的象征;其次,水象征着礼让精神,象征着平和,象征着清静。最后,与水相关的雨、雪、冰等也各有其美的象征意义。

## 二、鸟兽虫鱼

在中国古代雕塑和花鸟画作品中，有大量的鸟兽虫鱼形象。这些形象进入作品后虽然依然呈现出完好的自然形象，但已经被创作者赋予了特定的思想内涵，成了文化意象。在中国传统文化中，作为意象的鸟兽虫鱼数量很多，这里仅举以下几例。

鸟兽虫鱼

### 1.虎

在中国传统文化中，虎不仅是正直、正义的化身，是权力和力量的象征，而且是一种祥瑞之兽，能消灾、避邪和维护安宁。虎是一种极具阳刚之气的动物，它具备勇敢与威严，能够驱除一切邪恶。绘画虎经常被挂在对着大门的墙上来阻挡邪恶，维护安宁；民间传说中，儿童戴虎头帽、穿虎头鞋可以驱邪，人睡虎头枕可以使身体更加强壮。

### 2.马

马是中国传统文化中一个十分常见的意象。不仅历代诗文中有大量关于马的文字，而且历代雕塑、绘画作品中，有大量以马为题材的佳作。例如，驰名中外的唐代石刻《昭陵六骏》，现代画家徐悲鸿先生以画马而名留史册。

在中国传统文化中，马首先是奋勇直前、自强不息的象征。其次，马是成功的象征。最后，马是忠诚、勤奋和智慧的象征。中国文化中所强调的龙马精神主要是指自强不息的精神。

### 3.鸡

在中国传统文化中，鸡是具有丰富文化内涵的一个意象。首先，鸡是吉祥、吉利的象征。其次，鸡具有御死避恶和镇邪避妖的作用。最后，鸡是勤劳、勇敢的象征。在中国画中，我们经常可以看到把鸡和竹画在一起的花鸟画，其中，"鸡"取吉祥之意，"竹"取平安之意，绘画的主题为吉祥平安。

### 4.鱼

从远古时代开始，中华先民们就对鱼这种动物情有所钟。在距今6000年左右的仰韶文化遗址中，出土了大量的鱼纹彩陶盆；商周时期的玉雕作品中，玉鱼雕刻也很多。

在中国传统文化的理念中，鱼不仅象征着财富、富裕和吉祥，昭启连年有余，预示着大好机遇，而且象征着自由和亲善等。

### 5.鹿

在中国传统文化中，鹿被视为一种吉祥物。人们认为，鹿不仅能给人们带来吉祥和幸福,而且能保佑人健康长寿。因此,中国历代绘画、雕塑等作品中,都常见鹿的形象。从汉字的角度来看,"鹿"字与"禄"字谐音,寓意吉祥、富足、长寿和官位升迁等。

### 6.蝉

蝉是一种半翅目的昆虫。蝉的幼虫生活在土中,通常会在土中待上几年甚至十几年。即将羽化时,一般是在黄昏及夜间钻出土表,爬到树上,然后抓紧树皮,蜕皮羽化,整个羽化过程大约需要一个小时左右。

古人认为蝉性高洁,所以古诗文中经常以蝉的形象作为高洁君子的象征。《史记·屈原贾生列传》中说:"蝉蜕于浊秽,以浮游尘埃之外。"这段话是说,蝉在羽化之前生活在污泥浊水中,一旦羽化,即飞到高高的树上,只饮清露,自清自洁。唐代虞世南写过一首诗《蝉》:"垂緌饮清露,流响出疏桐。居高声自远,非是藉秋风。"这首诗中的蝉就是高洁君子的象征。

## 三、花草树木

看微课
花草树木

花草树木是自然事物中距离人们生活最近、人们从中获得审美体验最多的一类事物。在长期的自然审美活动中,当人们对一些花草和树木的本质属性有了深刻的认识,将其与人的品格联系起来后,就赋予了它们人的道德精神,使其成为文化意象。在中国传统文化中,以花草树木作为形象基础的文化意象特别多。这里,我们仅举几例简介如下。

### 1.梅花

图3-4-2 吴昌硕国画

梅花不畏严寒,雪中更具神采,是坚强的象征;它不与百花争春,躲过蜂飞蝶舞的春夏秋三季,在寒冬静静地开放,既是高尚和贞洁的表现,也是与世无争、不事张扬的象征。与此同时,梅花又有"五福花"之称,五个花瓣分别代表着快乐、幸福、健康、和顺和平安五种情况。此外,梅花还象征着不屈不挠、顽强奋斗、不畏艰难等高贵品质。图3-4-2是近代书画家吴昌硕先生的国画,画中的梅花虽用笔粗放,但很好地表现了梅花的风骨和精神。

2.兰花

兰花,也叫兰草,本来是一种草,但却以花开香远、花姿清雅而著称。兰花的叶和花都清新淡雅,不事张扬,其形态、颜色、气韵和精神都给人以清雅之美,所以有"气清、色清、神清、韵清"的"四清君子"美誉。兰花象征着淡泊名利、行为高雅的君子形象(见图3-4-3)。孔子说:"芷兰生于深林,不以无人而不芳;君子修道立德,不为穷困而改节。"(《孔子家语·在厄》)此外,因品种的不同,兰花还有美好、纯真和高洁等象征意义。例如,人们所讲的"兰章"比喻诗文之美,"兰交"比喻友谊的纯真。

3.竹子

在中国文化中,竹子是一个文化内涵十分丰富的意象。首先,它是人的气节和精神的象征。郑板桥所画的竹子之所以备受人们的推崇,正是其借助于竹的形象突出地表现了人的气节和精神。其次,竹子象征着平安。图3-4-4是齐白石先生的一幅国画,画中的竹子象征平安,山鸡象征吉祥,画作要表现的主题是吉祥平安。最后,竹子还象征着坚强不屈、奋发向上的精神等。

图3-4-3 黄高才《兰石图》

图3-4-4 齐白石国画

### 4.菊花

菊花因为在秋季开放,气清神静,并且花期较长,经霜而不凋,给人的美好印象是高雅脱俗、清净无染。菊花总的象征意义是清净、高洁、长寿和吉祥。因颜色的不同,菊花的花语也各不相同。其中,常见的几种菊花象征意义分别是:黄菊象征着飞黄腾达,红菊象征着爱情(见图3-4-5),翠菊象征着忠诚,万寿菊象征着友情。特别要注意的是,白菊有哀悼之意,金盏菊代表着悲伤,这两种菊花不能在国画中出现。

### 5.葫芦

作为一种意象,葫芦是福禄的象征。在中国画中,画两个葫芦,寓意"福禄双至"(见图3-4-6),画五个葫芦,寓意"五福临门"。

### 6.荷花

自然界的荷花给人的印象是"出淤泥而不染,濯清涟而不妖"(周敦颐《爱莲说》)。作为文化意象,荷花首先是纯洁、美丽和神圣的象征;其次,荷花出淤泥而不染,其别称"莲花"中的"莲"字又谐音"廉",因此,荷花又是廉洁的象征。图3-4-7是一幅荷花图。此图的主体构图为荷花,"荷"的谐音为"和",所以画题为《和顺图》。

图3-4-5 黄高才《菊石图》

图3-4-6 黄高才《福禄双至》

在这里,需要说明的是,各种文化意象虽然具有艺术美、思想美和精神美等各种人文内涵,但其形成的基础是人们常见的自然事物,因此,我们将意象美列入自然美中。

图3-4-7 黄高才《和顺图》

# 第四章 生活美

相对于自然美而言，生活美不仅体现了人们的创造智慧，而且融入了人的审美思想，给人的审美体验常常更为直接和强烈，更容易激发人的生活热情、鼓舞人的精神和坚定人的信念。

生活美首先表现在人们的日常生活中，其次表现在人们的人际交往等社会活动中。具体地讲，生活美以服饰美、器用美、饮食美和建筑居室美为主要内容，以人际人情美、运动美等为重要组成部分，使人们感受着生活的美好，给人以强有力的精神支撑和激励。

# 第一节　服饰美

**看微课**
中国纺织史料

在我国的上古传说中，黄帝的元妃嫘祖首创种桑养蚕之法，用蚕丝织出了美丽的衣裳。在这里，我们要特别注意的是，嫘祖用蚕丝制衣已经不再是出于御寒的需要，而是为了"美化"人体的需要。因为我国考古发现的大量实物证据证明：中国纺麻织布技术的源头在距今8000年之前，比嫘祖养蚕制衣要早3000多年。

西方的《圣经》中也有一段文字，说的是亚当和夏娃偷吃了智慧树上的果子之后，一下子可以分辨美丑了。当他们看见彼此都光着身子时，感到很害羞，于是，他们便用无花果的叶子给自己做了衣服。

## 一、服饰美的基本表现

衣服存在的价值不仅仅是遮风御寒。不论是嫘祖养蚕制衣，还是亚当、夏娃用无花果的叶子做衣裳，其目的都是"遮丑"和"显美"。这就是说，衣服的一个重要作用是化丑为美、化俗为雅。

就化俗为雅而言，虽然肩膀、胸部、大腿等一些人体部位不是"丑"的部分，但袒胸露乳、光着膀子、露着大腿等向来被人们视为低俗甚至不检点的行为，所以，中国传统的服装设计十分重视其化俗为雅的作用。即使在唐代那个相对开放的时代，女性的低胸装也以"不露乳"为设计的基本原则，如图4-1-1所示。

服饰美的另一个重要表现是各种与衣服搭配，或者独立使用的装饰品可以美化人，使人显得更漂亮或更帅气等。例如，女孩子手腕上的玉镯、脖子上的项链、头上的头花，男孩子胸前的徽章等，都具有美化人的作用。

图4-1-1　唐代彩绘女立俑

## 二、中国古代服装管窥

近年来出土的大量实物证据证明：我国织布制衣的历史已有8000多年。其中，现在能够看到的真实的文字记载始于西周时期。在《诗经》中，有多处关于织布制衣的记载。例如,《诗经·卫风·氓》:"氓之蚩蚩,抱布贸丝。"《诗经·卫风·硕人》:"硕人其颀,衣锦褧衣。"

由于时间的淹没,今天我们已经很难看到古代服装真正的精彩,但大量的出土文物能够使我们对古代服装之美有一个大致的了解。图4-1-2是出土于汉阳陵(汉景帝刘启之墓)陪葬坑的一件西汉时期的塑衣式跪坐女俑,这件陶俑所塑女子的着装简洁大方。图4-1-3是出土于长沙马王堆汉墓的一件西汉时期的朱红菱纹罗丝绵袍,这件衣物的款式与图4-1-2中女子所着衣服的款式大体相同。

图4-1-2 西汉塑衣式跪坐女俑　　　　图4-1-3 西汉朱红菱纹罗丝绵袍

唐代审美思想的多元化在服装上面的具体表现是款式多样、风格各异。图4-1-4是出土于唐代郑仁泰墓的一件扇形髻红裙女立俑(现藏陕西昭陵博物馆),女俑着装简约大方,但不失华美。图4-1-5是唐代郑仁泰墓出土的披大衣男立俑,此俑所着大衣款式至今还在沿用。

图4-1-4 唐代扇形髻红裙女立俑　　　　图4-1-5 郑仁泰墓披大衣男立俑

绘画也是我们研究古代服装美的一类重要资料。从历代的绘画作品中，我们不仅可以看到各个时代流行的服装款式，而且可以真切地看到人们着装的颜色搭配等。图4-1-6是唐代阎立本的《步辇图》（现藏北京故宫博物院）。从这幅画中我们可以看到，侍女们统一着齐胸拖地长裙，上身配长袖衫，既简洁大方，又清雅秀美。图4-1-7是出土于唐昭陵的一件壁画，画中女子的着装与《步辇图》中侍女的着装款式极其相似。

宋代的彩塑艺术相对繁荣，产生了一批优秀的作品。从这些作品上面，我们可以看到宋代的服装之美。图4-1-8是宋代的晋祠彩塑仕女像。此像仕女着装宽松舒展，带饰华美。

宋代及其以后，由于绘画艺术完全成熟并相对繁荣，可资借鉴的绘画类服装资料更加丰富，我们可以从中窥见宋、元、明、清各个时代服装美的基本情况。图4-1-9是明代唐寅的一幅人物画。图中女子着装既庄重大方，又雍容华美，带

图4-1-6　唐代阎立本的《步辇图》

图4-1-7　唐代昭陵壁画　　　　图4-1-8　宋代晋祠彩塑仕女像　　　图4-1-9　明代唐寅的人物画

饰长垂，再添几分典雅。图4-1-10是清代陈宇《仕女图》（现藏清华大学美术学院）。此图中的侍女不论是着对襟风衣，还是穿拖地长裙，都显得端庄秀美。这其中，服装的美化作用是不容小觑的。

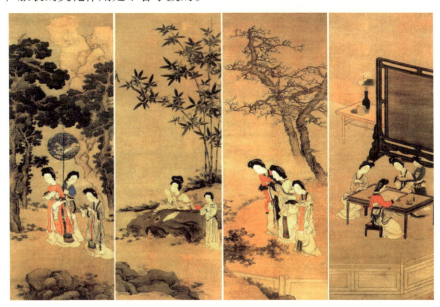

图4-1-10　清代陈宇的《仕女图》

### 三、中国古代饰品概览

中华先民的审美意识觉醒于距今8000年以前。伴随着人们审美意识的觉醒，各种装饰品也相继产生。近几十年来，我国考古发现和出土的各种装饰品数量很大，品类十分丰富。下面，我们通过几个例子来看一下。

图4-1-11是出土于内蒙古兴隆洼文化遗址的新石器时代的玉玦，其制作年代大约距今8200年。玦是我国最古老的玉制装饰品，为环状，有一缺口，主要被用作耳饰和佩饰。这种装饰品在我国很多新石器时代的文化遗址中都有出土。图4-1-12是1958年出土于江苏南京北阴阳营遗址的两块玉玦，其制作年代距今大约6000年。

图4-1-11　新石器时代玉玦

图4-1-13是商代的金珥形饰（现藏山西博物院）。珥是中国古代珠玉类耳饰的总称。这两件饰品在制作时金玉结合，是中国古代装饰品由竹骨、牙贝和玉石器时代正式步入玉石和金银器时代的重要标志。此后，中国古代的金银饰品逐渐多了起来。

图4-1-12　新石器时代玉玦

图4-1-13　商代金珥形饰

图4-1-14　春秋时期的玛瑙玉串饰

西周时期社会祥和，人们的生活热情高涨，加之琢玉手工艺技术的成熟，各种玉石串饰大量产生。从此以后，中国古代的装饰品业一直处于发展繁荣的状态。图4-1-14是春秋时期的一件玛瑙玉串饰，此串饰由玛瑙和玉搭配而成，雕琢工艺比较精细。

图4-1-15是明代的凤凰金饰（现藏河南省博物院）。此件饰品充分利用了金的延展性，整体采用凤凰造型，局部做成各种花叶形状，戴在头上既使人显贵，又十分华美。图4-1-16是清代的金镶珠翠耳坠（现藏北京故宫博物院）。此件饰品翠玉镶金，与珍珠组合，既艳丽，又华美。

图4-1-15　明代凤凰金饰

图4-1-16　清代金镶珠翠耳坠

## 第二节　器皿美

在日常生活中，我们天天都要与各种器皿打交道，器皿之美不仅使人赏心悦目，而且能使人感到生活的惬意，从而唤起人的生活热情。器皿之美一般表现在造型美、装饰美和质地美几个方面。下面，我们分几大类来看一下。

### 一、陶器

中国人盘泥烧器的历史十分悠久。早在距今1万年以前，今江西万年境内的仙人洞人就用陶土烧出了陶罐（见图4-2-1），用来改善生活条件，美化生活。到了距今8000年的时候，中华大地从南到北，制陶技术迅速发展，各种陶制器皿大量产生。与此同时，玉石器皿也开始出现。近年来，我国考古工作者在甘肃的大地湾文化遗址、河南的贾湖文化遗址、内蒙古的兴隆洼文化遗址、山东的后李文化遗址和浙江的跨湖桥文化遗址等多个新石器时代遗址中都发现并出土了陶器。到了距今大约7000年的时候，各种彩陶大量出现，陶器之美开始逐渐地展现出来。

看微课

陶器

图4-2-2是仰韶文化前期的一件游鱼纹彩陶瓶（现藏甘肃省博物馆），其制作年代距今大约7000—6000年。此件器皿在制作时以游鱼纹装饰，不仅增加了器物的视觉美感，而且有一定的思想寓意，寄托了人们美好的生活愿望。图4-2-3是马家窑文化的一件内彩变体人面纹彩陶盆，其制作年代距今大约5000—4700年，这件器物的纹饰更加华美。

图4-2-1　万年陶罐　　图4-2-2　游鱼纹彩陶瓶　　图4-2-3　马家窑内彩变体人面纹彩陶盆

比图案装饰更具观赏性的是人们将很多器皿做成了动物或果实的造型。图

图4-2-4 仰韶文化前期的葫芦瓶　　图4-2-5 猪形陶鬶

4-2-4是仰韶文化前期的一件葫芦瓶,其制作年代距今大约7000—6000年,这件器物做成葫芦果实的形状,在不影响实用性的情况下,使器物具有了可观赏性。图4-2-5是大汶口文化的一件猪形陶鬶,其制作年代距今大约6200—4500年。这件器皿做成猪的形状,不仅使器物有了可观赏性,而且寄寓了人们美好的生活愿望。

随着制陶技术的不断进步,不仅陶器的质地趋于细腻,而且制作也更精良。在这种情况下,即使不加彩饰,也不对其造型进行艺术化的处理,器物也能给人以美感。图4-2-6是龙山文化时期的两件薄胎黑陶高柄杯,其制作年代距今大约4500—4000年。这两件器皿胎质十分细腻,器壁薄如蛋壳,仔细观赏,它们能够给人一定的视觉与心理美感。

图4-2-6　薄胎黑陶高柄杯

## 二、青铜器

看微课
青铜器

夏商时代,青铜器皿出现后,很快吸收了陶器制作造型的经验,很多器皿被做成了动物的造型。因为青铜材质熔化后的可塑性更强,加之其坚柔性、表面的光洁性等都比较好,所以,青铜器皿做成各种动物造型后,不仅整体上更美观,而且细节表现更完美。图4-2-7是商代的青铜器牛尊(现藏安阳殷墟博物馆)。这件器皿做成牛的造型不仅实用性和观赏性并举,而且寄寓着人们渴望风调雨顺、六畜兴旺等美好愿望——因为早在尧舜时代,中国农业就进入了牛耕时代(舜就是在历山下吆牛耕田时被尧发现和启用的),牛是人们幸福生活的希望。图4-2-8是商代的妇好鸮尊(现藏中国国家博物馆)。此器以鸮为主体造型,纹饰丰富多样，主次分明，层次清楚，具有很强的观赏性。

图4-2-7　商代牛尊　　　　　　　　　图4-2-8　商代妇好鸮尊

西周及春秋战国时期是青铜器制造的全盛时期，这段时间内产生的青铜器不仅数量巨大，而且精品众多。尤其是很多青铜生活器皿高度艺术化，在满足人们基本生活需要的同时，还能给人以美的享受。图4-2-9是西周时期的鸟尊（现藏山西博物院）。此器主体为禽鸟造型，禽体丰满，两翼上卷，鸟背依形设盖，盖钮做成小鸟造型。禽鸟双腿粗壮，爪尖略蜷，凤尾下设一象首，与双腿形成稳定的三点支撑。鸟尊造型写实生动，构思巧妙，纹饰华美，是一件罕见的艺术珍品。图4-2-10是西周时期的猪尊（现藏山西博物院）。此器的主体造型为一小猪，小猪双耳斜耸，小尾上卷，一副机警的神态。因为中国家猪的养殖始于距今大约7000年的河姆渡时代和仰韶文化早期，猪在人们的心目中是财富和美好生活的象征，所以，此器做成小猪的造型实际上寄托着人们的生活愿望。

图4-2-9　西周鸟尊　　　　　　　　　图4-2-10　西周猪尊

图4-2-11是春秋时期的子仲姜盘（现藏上海博物馆）。这是一件用于盥洗的青铜器。此盘形体较大，整器风格朴实，但制作华美。盘壁的两侧有一对宽厚的副耳，前后各攀一条曲角形的龙，龙首耸出盘沿，作探视状；盘内底铸有圆雕的鱼、水鸟和青蛙等水栖动物，盘底边沿一周为七条鱼在追逐，盘底中心是一只头冠直竖的雄性水鸟，四条鱼绕鸟戏游，游鱼的外圈是四只雌性水鸟。此器最精彩的地方在于，盘底所有的动物可以在原地做360度的转动。

图4-2-11　春秋子仲姜盘

图4-2-12　战国错金银鸟兽形盉

图4-2-12是战国时期的错金银鸟兽形盉（现藏上海博物馆）。此器采用浪漫主义的创作手法制作，造型独特、生动，纹饰华美，既有直观的视觉美感，又能将人带进想象与联想之中。

汉代是中国文化大发展的一个时代。这一时期不仅艺术思想完全成熟，浪漫主义与现实主义两大创作手法得到普遍应用，而且艺术开始走进生活，大量的生活器皿以艺术品的形式面世。

图4-2-13是西汉时期的五凤熏炉（现藏河南省博物馆）。此器主体为凤凰形象。大凤双爪抓地，昂首引颈，口中衔珠，振翅挺胸；胸前与双翅上均有阴刻羽

图4-2-13　西汉五凤熏炉

图4-2-14　西汉朱雀灯

状纹饰，尾翅镂空；胸前、双翅和尾部共饰四只雏凤。该器物构思新颖，造型奇特，集实用性和观赏性于一体。图4-2-14是西汉时期的朱雀灯（现藏河北省博物馆）。该器主体为朱雀形象，朱雀昂首翘尾，脚踏蟠龙，口衔灯盘，做展翅欲飞状，形象十分生动。

## 三、玉石器

中国琢玉的历史悠久，玉石器物质文化遗产相当丰富。其中，汉唐以后，各种玉石生活器皿大量出现，将人们的生活装点得更加美好。图4-2-15是唐代镶金兽首玛瑙杯（现藏陕西历史博物馆）。此杯由红、棕、白三色相杂的玛瑙雕成，颜色层次分明。器物一端雕成杯口，另一端雕成兽首。兽首圆瞪着双眼，目视前方；两个长角，粗壮有力。兽嘴部有流口，流口外部有金盖，金盖后面有金插管堵住流口，使杯中液体不会流出。此杯设计别具匠心，制作工艺精细。

看微课
玉石器

图4-2-15 唐代镶金兽首玛瑙杯

图4-2-16 唐代白玉忍冬纹八曲长杯

图4-2-16是唐代的白玉忍冬纹八曲长杯（现藏陕西历史博物馆）。此杯用和田白玉雕凿而成，玉质洁白温润。杯为八曲椭圆形，口沿随其八曲成莲花形，杯身亦呈八曲且雕饰成组的蔓草纹饰。此杯制作精细，素洁清雅。

图4-2-17是明代的青玉莲花纹杯（现藏山西博物院）。此杯用青玉雕成椭圆

图4-2-17 明代青玉莲花纹杯

图4-2-18 清代青玉桃形洗

形杯体，外壁雕饰莲花纹，杯柄从主体部分伸出，直托杯底，既美观，又实用。图4-2-18是清代的青玉桃形洗（现藏山西博物院）。器物主体部分雕成桃子形状，周边雕饰以"枝叶"，给人以丰富的视觉美感。

### 四、瓷器

看微课
瓷器

在日常生活中，我们接触最多的一类器皿是瓷器。瓷器分为两大类：一类是素瓷，另一类是彩瓷。总的来看，瓷器之美主要表现在三个方面：一是釉色美，二是造型美，三是塑饰与图案美。

素瓷是指没有上釉的自然瓷质的瓷器，以及虽然上釉，但釉上釉下都不加任何色彩，也不绘制有色图案花纹的瓷器。瓷器从商代产生以后，一直到明代，在长达几千年的时间里，素瓷一直是瓷器的主流。即使到今天，在彩瓷十分繁荣的情况下，素瓷也备受人们的喜爱。素瓷之美，主要表现在两个方面：一是釉色之美，二是造型和塑饰之美。下面，我们通过几个例子来看一下。

图4-2-19是唐代的白瓷海棠杯（现藏浙江省博物馆）。图4-2-20是宋代的青白釉莲花形温酒壶（现藏江西省博物馆）。这两件瓷器釉色洁白，干净清爽，观之令人赏心悦目。

图4-2-19　唐代白瓷海棠杯

图4-2-20　宋代青白釉莲花形温酒壶

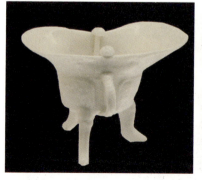
图4-2-21　明代德化窑白釉爵杯

图4-2-22　清代黄釉碗托

图4-2-21是明代德化窑的白釉爵杯（现藏上海博物馆）。这件瓷器釉色洁白温润，干净明亮，给人以十分清爽的视觉美感。图4-2-22是清代的黄釉碗托（现藏上海博物馆）。这件瓷器釉色纯净温润，给人以恬静平和的印象。

在釉上剔刻花纹图案的素瓷，一般以釉色为背景，以胎质原有的自然色为图案颜色，显得自然质朴，清素淡雅。例如，图4-2-23这件南宋剔花折枝梅纹梅瓶（现藏江西省博物馆），就是将器物上的黑釉剔掉，借助于原胎色表现图案。

从造型的角度看，素瓷的造型美主要表现在两个方面：一是整个生活器物的艺术化，即将整个器物做成了一定的艺术造型；二是对生活器物的局部进行塑饰美化。图4-2-24是清代的梅鹤鹿纹葫芦瓶。这件瓷器不仅整体做成了葫芦造型，而且局部又用塑饰进行美化。

图4-2-23　南宋剔花折枝梅纹梅瓶

图4-2-24　清代梅鹤鹿纹葫芦瓶

彩瓷是与素瓷相对而言，具体指加有彩绘的瓷器。其主要品种有青花、釉里红、斗彩、粉彩、五彩等。不同种类的彩瓷，视觉美感互有差异。

1.青花

青花瓷是白底蓝花瓷器的专称。典型的青花瓷器是用钴料在素坯上描绘纹饰，然后施透明釉，在高温中一次烧成。蓝花在釉下，因此属釉下彩。青花瓷的特点是明快、清新、雅致、大方，装饰性强，永不掉色。如图4-2-25这件清代青花花草纹碗（现藏上海博物馆）。

图4-2-25　清代青花花草纹碗

## 2.釉里红

釉里红，又名釉下红。它是以氧化铜作着色剂，在胎上绘画纹饰后，罩施透明釉，然后在高温下烧制。因红色花纹在釉下，故称釉里红瓷。釉里红彩可单独装饰，也可与青花料结合使用——结合使用的叫青花釉里红。釉里红彩的特点是稳重、敦厚、艳丽、朴实，烧成后的颜色沉着、热情，因而深受人们喜爱。如图4-2-26这件清代青花釉里红折枝瓜果纹瓶（现藏上海博物馆）。

## 3.斗彩

斗彩是一种以釉下青花、釉里红和釉上多种彩结合而成的品种。斗彩创烧于明成化时期，是釉下彩（青花）与釉上彩相结合的一种新品种。斗彩的特点是对比鲜明，既素雅又富丽。这种彩饰具有丰富的表现力和较强的审美性。如图4-2-27这件清代斗彩云龙碗（现藏山东省博物馆）。

图4-2-26 清代青花釉里红折枝瓜果纹瓶

图4-2-27 清代斗彩云龙碗

## 4.粉彩

粉彩也叫"软彩"，是釉上彩的一个品种。所谓釉上彩，就是在烧好的素器釉面上进行彩绘，再入烤花炉经600～800℃的温度烘烤而成。因为粉彩是以白底为基础，在白底上着玻璃白，然后再彩绘让其自然粉化，因而，粉彩具有清新、淡雅、秀丽的特点。如图4-2-28这件清代粉彩过枝桃蝠纹盘（现藏上海博物馆）。凡绘画中所能表现的一切，无论工笔或写意，用粉彩几乎都能表现。

## 5.五彩

五彩是瓷器釉上彩的一种，是指分布在瓷器釉面上多种颜色的彩——而"五彩瓷"并不一定指瓷器釉面上只有五种颜色，多于或少于五种彩的陶瓷，在习

图4-2-28　清代粉彩过枝桃蝠纹盘　　图4-2-29　清代五彩草虫纹盘

惯上也同样称之为五彩瓷。五彩所描绘的对象甚多，常见的有人物、山水、龙凤、鸳鸯、松柏、灵芝、花草等。五彩的特点是色彩丰富，鲜艳明丽。如图4-2-29这件清代五彩草虫纹盘（现藏上海博物馆）。

除了以上所讲到的几类器皿外，日常生活中我们经常见到的器皿还有金银器、竹木器和玻璃器等。由于材质和制作工艺的不同，各种器物给人的美感互有差异，这恰好使人们能够感受到美的丰富多彩。

## 第三节　饮食美

饮食既是人们日常生活的基本内容，也是人们体验生活、品味生活和感悟人生的基本途径。当人们生存的基本需要得到满足，将饮食作为一种休闲生活方式或者交流、交际的途径时，人们不仅能够感受到生活的轻松、舒适和惬意，而且可以获得真实的情感体验，产生对生活的热爱之情，从而以饱满的热情和积极的心态去生活。

### 一、茶道

茶道，简单地说，就是饮茶的学问。其中包括识茶、沏茶、赏茶、饮茶和品茶的知识，以及通过喝茶进行交际和思考的学问。独处静坐，沏一壶茶，慢饮细品，心静神清，品的是一份心境；亲友相聚，品茶谈天，交流感情，在轻松愉快的气氛中体验人情之美。

1.沏茶

沏茶方法是茶道最基本的内容。不同类型的茶叶,沏泡时冲水的温度、浸泡时间等互有差异。把握好水温,掌握好浸泡时间,不仅能够使茶香充分地释放出来,而且可以使茶的色与味更好。反之,沏茶方法不当,不仅会使茶之色黯然,茶之香寡淡,而且使茶之味失真。

2.赏茶

赏茶是品茶的前奏。赏茶主要包括两个方面的内容:一是观其色,二是嗅其香。如图4-3-1和图4-3-2,沏好的茶分盛在杯子里,清澈透亮,令人赏心悦目;那份清香,又沁人心脾。在这样的情境之下,人自会感觉生活的美好。

图4-3-1 青茶

图4-3-2 花茶

3.品茶

品茶是茶道的核心内容。通过品茶,一方面,感受生活的舒适惬意,感悟人生哲理,培养生活热情;另一方面,涵养性情,悟道修心,最终达到心性平和、大气包容和清心寡欲的人生境界。品茶,品的是生活,品的是人生。与此同时,各种茶品都有不同的养生效果,因此,品茶还能品出健康。

4.茶礼

茶礼是茶道的一种境界。因为喝茶是中国人的一种待客方式,为客人倒茶、敬茶和添茶时讲究礼节,不仅可以融洽彼此间的关系,拉近感情距离,而且可以营造出轻松愉快的交流气氛,使沟通更加顺畅。这样一来,不论是交流感情,还是洽谈合作,都能取得良好的效果。

在这里,要特别强调的是,喝茶是一种休闲生活方式,追求的是轻松、愉快的生活感受。因此,真正的茶道没有繁文缛节,而是在舒适的环境里和轻松的气氛中,酌清饮静,享受生活,品味人生。

## 二、酒德

中国酿酒的历史十分悠久,酒文化的内涵十分丰富。在中国古代的文学作品中,关于酒的文字俯拾皆是。例如,曹操的"何以解忧,唯有杜康"(《短歌行》)写的是借酒消愁,柳永的"都门帐饮无绪"(《雨霖铃·寒蝉凄切》)折射的是杯中愁绪,陆游的"红酥手,黄縢酒"(《钗头凤·红酥手》)诉的是离痛,王维的"劝君更尽一杯酒,西出阳关无故人"(《渭城曲·送元二使安西》)道的是友情……品酒,品的不仅是生活,而且品的是乐趣,品的是人生。

在这里,要特别强调的是,唐宋以前诗文中所写的酒,不是今天的白酒,而是有益于健康的黄酒、葡萄酒、桂花酒、稠酒和菊花酒等。因这些酒适量饮用不仅对人有益,而且饮用时能增加人的生活情趣,所以被人们称为美酒。概括起来讲,酒之美具体表现在以下几个方面。

1.养生

自古以来,人们将酒作为一种佐餐的饮品,主要是因为发酵酒对人的健康是有益的。其中,黄酒、葡萄酒、桂花酒和菊花酒的养生功效早已被人们所认识。

黄酒是中国最古老的发酵酒之一。其中含有丰富的氨基酸、多种糖类和维生素等,自古至今一直被视为养生健身的"仙酒"和"琼浆"。

葡萄酒中含有较多的糖分、矿物质、多种氨基酸、柠檬酸、维生素等营养成分。《新修本草》将葡萄列为补酒,认为它有"暖腰肾、驻颜色、耐寒"等功效。

桂花酒早在春秋战国时期就已经产生并为人们所饮用。古人认为桂为百药之长,所以用桂花酿制的酒对人有大益。

经过人们长期生活的检验,除了以上几种酒外,菊花酒、枸杞酒、莲花酒、人参酒、茯苓酒等,也是养生益寿的好酒。

在这里,必须强调的是,古人饮酒是为了健康,不是为了纵情。因为再好的酒,过量也是有害的。因此,饮酒必须适量。

**相关链接**

现代科学研究发现:酒液中,酒精含量越高,有害成分越多。通过对蒸馏酒和发酵酒的比较研究发现,酒的有害成分主要存在于蒸馏酒中,发酵酒中相对较少。高度的蒸馏酒中除含有较高的乙醇外,还含有杂醇油、醛类、甲醇、氢氧酸、铅、黄曲霉毒素等多种有害成分。人如果长期或过量饮用蒸馏酒,对身体会造成严重的伤害。现在市面上的各种白酒一般都是蒸馏酒。

采用传统工艺发酵的低度酒，如黄酒、葡萄酒、枸杞酒等，其中有害成分极少，且富含糖、氨基酸、维生素等多种营养成分，是真正意义上的"美酒"。

2.安神

在我国古代，有很多有关借酒消愁的诗词。例如，范仲淹《御街行·秋日怀旧》："纷纷坠叶飘香砌。夜寂静，寒声碎。真珠帘卷玉楼空，天淡银河垂地。年年今夜，月华如练，长是人千里。愁肠已断无由醉，酒未到，先成泪。残灯明灭枕头欹，谙尽孤眠滋味。都来此事，眉间心上，无计相回避。"这首词是写相思之愁的。又如，李白的"抽刀断水水更流，举杯消愁愁更愁"（《宣州谢朓楼饯别校书叔云》）和白居易的"把酒思闲事，春愁谁最深？"（《把酒思闲事》）

在这里，我们首先要明确的是，古人的借酒消愁实际上是把饮酒当作一种静心安神的方式——独处，静坐，把盏，沉思，最终达到排遣愁绪的目的。其次，虽然古人所饮的黄酒和葡萄酒等是低度酒，但都具有安神的作用。例如，葡萄中所含的褪黑素是一种能辅助睡眠的物质，所以，葡萄酒可以帮助调节睡眠，具有一定的安神功效。古人也许正是利用了酒安神的功效，喝上几杯，美美地睡一觉，醒来后诸愁皆去。

3.传情达礼

从王维的"劝君更尽一杯酒，西出阳关无故人"（《渭城曲·送元二使安西》），到柳永的"都门帐饮无绪"（《雨霖铃·寒蝉凄切》），酒在很多场合被人们作为一种传情达礼的媒介。为好友饯行，与亲人话别，和老友重逢……推杯换盏中，不仅有情感的传递，而且也有礼数的表达。

陆游与唐琬在沈园相遇，在"红酥手，黄縢酒"的情境之下，心中泛起的是无限悔恨（《钗头凤·红酥手》）；柳永与相爱的人道别，举杯时，心中涌起的是"今宵酒醒何处，杨柳岸，晓风残月"的凄凉（《雨霖铃·寒蝉凄切》）。在诗词所描绘的情境里，有酒必有情，情比酒更美、更浓。

4.酒德

虽然自古关于酒的美谈很多，但过量饮酒伤身败德的危害性也早已为人们所认识，所以古人早就提出了饮酒的道德规范，即"合度者有德，失态者无德"。

虽然发酵酒对人是有益的，但过量饮用也是有害的。蒸馏酒对人的益处很少，危害性很大。因此，正在长身体的青少年学生，可以适当地饮用一些低度的发酵酒，尽量不喝对人伤害较大的白酒。这是当代大学生应该具备的酒德——珍爱生命不仅是人的美德,更是一种责任。

### 三、美食

一日三餐是人们最基本的生活状态。品尝美味是人们日常审美的基本内容。美食不论荤素,可口即美,它不仅能使人得到味觉快感,获得精神享受,而且能够使人感受到生活的美好,焕发出人的生活热情,激励人的精神。美食之美具体表现在色、香、味三个方面。

1.色

美食讲究色、香、味俱全。其中,诱人的颜色不仅能够增进食欲,而且能给人以视觉和心理上的美感享受。美食的颜色一方面是通过科学的烹饪方法,使食材本身的颜色很好地表现出来,如图4-3-3所示;另一方面是通过不同颜色食材的搭配,使美食呈现出诱人的色彩,如图4-3-4所示。

图4-3-3 凉拌豆芽

图4-3-4 凉拌黄瓜

2.香

香是美食给人的一种嗅觉上的美感。美食之香一方面是通过科学的烹饪方法使食材本身含有的香味释放出来,如图4-3-5所示;另一方面是通过调味增加美食的香气,如在出锅的西红柿蛋汤中淋几滴香油,如图4-3-6所示。

图4-3-5 烤鸡腿

图4-3-6 西红柿蛋汤

3.味

味是美食的根本。尽管色香可以增进人的食欲，但一份菜品给人的享受主要还是由味道决定的。美食之味一方面来自于食材本身，另一方面来自于烹调。其中，食材本身的味道是基础，烹调只是为了凸显和优化。例如，图4-3-7的这盘清炒土豆丝，在烹饪时只用了一点油和盐，保留土豆原有的清香之味；图4-3-8的这盘红烧肉，在烹饪时加了较多的调味品，一方面是为了去除腥味，另一方面是为了增加鲜味。

图4-3-7　清炒土豆丝

图4-3-8　红烧肉

在这里，我们要特别强调的是，美食之美不在肥甘，家常便饭，可口即美；味不必浓厚，清爽适口为佳。从健康的角度看，食当以素为主，以荤为辅。这样，可以在享受美食的同时，享受健康的人生。

## 第四节　人情美

人是社会的主体和生活的主宰。人在社会上生活，随时随地都要与他人打交道。广泛的人脉，融洽的人际关系，不仅使人有一个宽松、舒适的生活环境，而且能使人的事业左右逢源。因为人际关系的实质是一种感情关系，所以，在融洽的人际关系中，人们感受到的是人情美。从大的层面上看，人情美具体表现在以下三个方面。

### 一、亲情美

小学时，我们唱《妈妈的吻》，摇晃着小脑袋，那是因为还没弄懂什么是亲情；初中时，我们听阎维文唱《母亲》，大脑中浮现出一幕幕的情景，对妈妈的爱戴和感激之情油然而生；高中时，老师讲朱自清的《背影》，教室里有了啜泣声……长大了，我们不仅懂得了什么是亲情，而且深切地体验到在亲情之下，一切奉献都无怨无悔。

因为有亲情，林觉民的《与妻书》字字含泪；因为有亲情，艾青的《大堰河，我的保姆》读来令人动容；因为有亲情，朱自清一生也没忘记父亲的"背影"……因为有亲情，每年春节很多人千里步行也要回家。

因为《想起老妈妈》，我们《常回家看看》；因为那是一片《父亲的草原》，所以我们才觉得《草原夜色美》……每当我们唱起那些表现亲情的歌曲，诵读那些描写亲情的诗文，我们都会感到亲情的温暖，倍感生活的美好。

## 二、友情美

李白在《黄鹤楼送孟浩然之广陵》一诗中写道："故人西辞黄鹤楼，烟花三月下扬州。孤帆远影碧空尽，唯见长江天际流。"好友乘坐的客船已经消失在天际，送行者依然踮足翘望，不肯离去，这是怎样的一种情谊？

王勃的"海内存知己，天涯若比邻"（《送杜少府之任蜀州》），高适的"莫愁前路无知己，天下谁人不识君"（《别董大二首》），王维的"劝君更尽一杯酒，西出阳关无故人"（《渭城曲·送元二使安西》）……这些诗句之所以能成为千古名句，无一不是因为其所表现的友情美。

友情，不仅使我们有一个宽松的生活环境，而且能使我们的事业蒸蒸日上。择友而交，彼此尊重，相互支持，我们的生活会更加美好。

## 三、爱情美

宋代词人秦观写有一首《鹊桥仙·纤云弄巧》，词中写道："柔情似水，佳期如梦，忍顾鹊桥归路。两情若是久长时，又岂在朝朝暮暮。"此作使人倍感爱情的美好。

看微课

爱情美

自古以来，人们一直把爱情视为人生的大美。从《诗经》、楚辞、汉乐府民歌，到唐诗、宋词、元曲，其中不乏爱的乐章。在中国的民间传说中，也有很多凄美的爱情故事。例如，七仙女为了爱情下嫁凡间，梁山伯与祝英台为爱情双双化蝶，孟姜女因为对丈夫的真爱而哭倒了长城……

爱情之美不仅是男女间的相互倾慕，更重要的是彼此关爱和相互尊重。这里，让我们通过一首诗来体会一下。

## 关　雎

*《诗经·国风·周南》*

关关雎鸠，在河之洲。窈窕淑女，君子好逑。
参差荇菜，左右流之。窈窕淑女，寤寐求之。
求之不得，寤寐思服。悠哉悠哉，辗转反侧。
参差荇菜，左右采之。窈窕淑女，琴瑟友之。
参差荇菜，左右芼之。窈窕淑女，钟鼓乐之。

在这首诗中，当小伙子爱上了田间采摘荇菜的姑娘后，夜里辗转反侧，怎么也睡不着，大脑中尽是姑娘的影子。怎么办呢？"琴瑟友之。"小伙子想好了用弹琴和奏瑟的方法取悦和靠近姑娘，于是，终于进入了梦乡。梦中，小伙子梦见自己带着乐队，吹吹打打地将姑娘迎娶回家。在这首诗中，首先表现了小伙子对姑娘的敬重之情——远远地看着，思念着，想着让她高兴。

今天的大学生，身处高度文明的时代，应该树立正确的爱情观：爱一个人，首先要尊重对方，关心对方，爱护对方，而不是强迫对方和不择手段地占有对方。

# 第五章 艺术美

　　艺术是对自然和生活进行审美反映的一种文化类型。因为很多自然事物具有美的属性，或悦目，或悦耳，或爽口，或沁人心脾，都能引起人的情感反应，激发人的热情，鼓舞或激励人的精神，这是艺术对自然进行审美反映的基础。在反映生活方面，艺术总是把生活中美好的一面展示给人们看，让人们感受到生活的美好，唤起人们对生活的热爱与向往之情，激发人们的进取意识，振奋人们的精神。因为各种艺术作品都是以审美为创作目的的，所以，艺术作品的欣赏从一定意义上讲是一种美的感受与体验活动。

　　从本质上看，艺术美是以自然和生活为基础，通过对自然美和生活美的提炼和加工创造出来的一种美。相对于自然美而言，艺术美中不仅加入了思想美的元素，而且精神美更为浅显和突出，因而，艺术美不仅给人的审美影响积极强烈，而且更能鼓舞人的精神、增强人的信念等；相对于生活美而言，艺术美更加集中和典型，给人的情感与精神影响更为直接和强烈。

## 第一节 音乐美

音乐是以各种乐音为表现对象,通过人们的听觉反应引起审美活动的一种艺术形式。由于人的听觉范围相对于视觉和嗅觉要大得多,并且极易被唤起,因而音乐是人们所普遍喜爱的一种艺术样式。

### 一、音乐艺术的特点

"春眠不觉晓,处处闻啼鸟。"这是唐代诗人孟浩然《春晓》中的两句诗。躺在床上,看不见鸟儿,但能听到窗外鸟儿的叫声,这是声音的时空性;听到窗外传来的声音,不用细加分析,就知道是鸟儿的叫声,这是乐音的直觉性和经验性;从窗外传来的鸟叫声,可以判定此时天气晴好,这是音乐的情境性。概括起来讲,音乐艺术具有以下几个特点。

1.时空性

由于声音是由物体的振动产生的,当物体的振动停止时,声音也随之消失,这是一个普遍的规律。音乐的乐音是由乐器或人的声带振动产生的,当乐器或人声带的振动停止,乐音自然就消失了,这就是音乐的时间性。音乐的时间性既决定了音乐欣赏的即时性,也决定了音乐的易于感知性和易分辨性。科技的发展,为音乐信息的存储和声音的还原提供了条件,使乐器演奏的曲子或人声演唱的歌曲能够得以保存和重放,但从本质上看,并未改变音乐的时间性。

任何声音的传播都需要一定的介质,在没有任何物质的真空中,声音是不能传播的。音乐声一般是借助于空气与乐器或空气与人声带的谐振来传播的。由于空气充满于人们生存的空间,所以在正常的情况下音乐传播的空间范围是不受限制的,只是由于声音的强度各不相同,传播的远近会有不同。这是音乐传播的空间性。音乐传播的空间性既决定了音乐易于引起人的无意注意,使人们不自觉地进入到音乐欣赏活动中,也决定了音乐欣赏的自由性和灵活性,使音乐欣赏活动易于展开。

2.情境性

音乐是最能引起人的情绪反应的一种艺术样式。不同的音乐作品,由于其节奏、旋律和音响强度的不同,对人的情绪影响是各不相同的,有的使人心情放

看微课
音乐的情境性

松,有的令人精神鼓舞,有的把人带进遐想,有的使人思考……

由于人们总是在一定的环境中生活,同时适宜于人们正常生活的所有环境中都充满了音乐传播的空气介质,所以,音乐声在任何一种人们生活的环境中注入,都能够使其成为情境,这就是音乐的情境性。音乐的情境性既决定了音乐应用的广泛性和普及性,也决定了音乐的表现性。

3.直觉性

和食物的酸甜苦辣入口即可知晓一样,音乐是否悦耳、是否动听,入耳便能使人有一个基本的判断。至于音乐的节奏和旋律等,也是不需要多少专业知识就能做出基本判断的。与此同时,音乐对人的情绪影响是直接的。这些,都是音乐直觉性的表现。

看微课

音乐的直觉性

音乐的直觉性不仅使音乐审美活动易于展开,使音乐为人们所喜闻乐见,而且使音乐成为应用最广泛、普及程度最高的一种艺术形式。

4.经验性

自然界中时刻都产生着各种各样的声音,其中很多声音都产生于特定的情境中。例如,潮声一般产生于海水起潮的时候,雷声一般产生于刮风下雨的时候,溪水声发自于溪流,马蹄声多产生于马的奔跑,等等。音乐家在创作音乐作品的时候,常常根据自己所熟悉的各种声音,采用模拟的方法来制造音乐情境;欣赏者在欣赏音乐作品的时候,常常根据自己以往的听觉经验,通过联想和想象进入音乐情境。这就是音乐的经验性。

只要是听觉正常的人,一般都具有一定的音乐经验。音乐经验一方面决定了音乐家创作的视野、思路和基本方法,另一方面决定了欣赏者从音乐作品中获得情感体验的深度和理解音乐作品的能力。

## 二、音乐的分类

关于音乐的分类,历来都有一些不同的观点。为了使大家有一个比较清晰的印象,在这里采用层级分类的方法进行一个简单的划分。

首先,从第一个层面上看,音乐一般分为声乐和器乐两大类。声乐是指用人声演唱的音乐形式,演唱时可以有乐器伴奏。器乐是指完全使用乐器演奏或者以乐器演奏为主要表现手段的音乐。

其次,从第二个层面看,声乐和器乐都可以从几个不同的角度进行再分类。具体分法如下。

1. 声乐可以从声音类型、唱法和演唱方式三个方面来分类。

（1）从声音类型来分，可以分为男声和女声。

再具体一点，可以分为女高音、女中音、女低音和男高音、男中音、男低音六种。

（2）从唱法来分，一般分为美声唱法、民族唱法和通俗唱法（流行唱法）。

美声唱法产生于17世纪初的意大利。其基本的歌唱方法是喉头在保持吸气位置状态下，呼出气流吹响声带，使打开的共鸣腔体能够完全、均匀共鸣。表现在声音上，音质圆润饱满，音色华丽流畅。美声唱法区别于其他唱法的突出特点是混合声区唱法。

民族唱法是指由中国各族人民创造的声乐演唱方法。民族唱法的表现形式主要包括戏曲、民歌、曲艺、歌剧等。民族唱法经历了三个不同的发展阶段：第一阶段的主要特点是真声运用得比较多，演唱时以口腔共鸣和头腔共鸣为主，发音时口腔用力较大，吐字比较清晰，音色明亮，但声音相对单薄；第二阶段的主要特点是在运用真声发声技巧的同时混入了假声，使得声音更加圆润通畅，并且有了穿透力；第三阶段的主要特点是在传统民族唱法的基础上，融进了美声的发声方法，使音域扩大，咬字轻松自然，声音更具表现力。

通俗唱法，也叫流行唱法。声音的主要特点是完全用真声唱，接近生活语言，吐字清晰，声音轻柔，自然甜美，感情表达真实细腻。

（3）从演唱方式来分，声乐分为独唱、重唱和合唱等。

独唱是指由一个人演唱的演唱方式。独唱可以分为男声独唱和女声独唱两类；再具体一点，可以分为女高音独唱、女中音独唱、女低音独唱和男高音独唱、男中音独唱和男低音独唱六种。

重唱是指两个或两个以上的歌唱者，按照各自所担任的声部演唱同一歌曲的演唱方式。按演唱人数的多少，重唱一般分为二重唱、三重唱和四重唱等。例如，男女声二重唱《敖包相会》。

合唱是指由两组以上的歌唱者，按照各自所在的组担任的声部演唱同一乐曲的演奏方式。合唱一般分为同声与混声两种形式：同声是指每组由男声或女声单独组成，混声是指每组由男声和女声混合组成。按声部的多少，合唱可分为单声部的齐唱、二部合唱、三部合唱、四部合唱等。例如，童声齐唱《闪闪的红星》。

2. 器乐可以从主奏乐器类型、演奏方式和音乐结构三个方面来分类。

（1）从单一的主奏乐器类型来分，器乐可以分为二胡曲、扬琴曲和钢琴曲等许多种。

（2）从演奏方式来分，器乐可以分为独奏曲、重奏曲、合奏曲和齐奏曲等。例如，笛子独奏曲，小提琴合奏曲等。

独奏是指由一人演奏一件乐器，或由一人演奏一种乐器为主奏、其他乐器伴奏的演奏方式。例如，刘永康的二胡独奏曲《走西口》。

器乐独奏

重奏是指由两个或两个以上演奏者按照各自所担任的声部，同时演奏同一乐曲的演奏方式。按照演奏者人数进一步划分，重奏可分为二重奏、三重奏、四重奏等。

合奏有两个含义：一个是指按乐器种类的不同，将演奏乐器分成几个乐器组，每组乐器演奏各自的曲调，共同演奏同一首乐曲的演奏方式；另一个是指多种乐器共同演奏同一首乐曲，不论齐奏或多声部演奏，统称"合奏"。

齐奏是指两个或两个以上演奏者用相同的乐器，按相同的音程同时演奏同一曲调的演奏方式。例如，二胡齐奏，小提琴齐奏等。

（3）从音乐结构来分，综合性的器乐一般分为管弦乐、交响乐和协奏曲三大类。

①管弦乐。管弦乐是指由弦乐和管乐作为主奏乐器进行合奏，用打击乐进行伴奏的一类音乐体裁。这类音乐体裁的基本特点是：管乐和弦乐既层次清晰，又相互交融。交融时雄浑、激越，分离时清雅、舒缓。

管弦乐

管弦乐演奏的配器一般由三组构成：弦乐器组、管乐器组和打击乐器组。其中，弦乐器和管乐器为主奏乐器，打击乐器为伴奏乐器。弦乐器组一般由小提琴、中提琴、大提琴、低音提琴、竖琴、六弦琴和贝斯等组成。管乐器组一般由短笛、长笛、双簧管、单簧管、巴松管、小号、长号和大号等组成。打击乐器组一般由定音鼓、低音鼓、钹、木琴和架子鼓等组成。

管弦乐的基本特点是以两个主奏乐器组的轮奏为主要音乐结构，两组乐器的齐奏较少。在轮奏过程中，当弦乐组为主奏时，管乐组辅助；当管乐组为主奏时，弦乐组辅助。因此，管弦乐的层次一般十分清晰。打击乐组在管弦乐中始终处于辅助地位，因而音效一般不是很突出。

②交响乐。交响乐是在管弦乐的基础上发展而来的。交响乐与管弦乐的区别突出地表现为三点：一是打击乐在交响乐中与弦乐、管乐一样，也是主奏乐器；二是交响乐以弦乐、管乐和打击乐三个乐器组的齐奏为主要表现手段，轮奏较少；三是交响乐的配器更加丰富，音乐内涵更加丰富，感染力更强。

交响乐

识别交响乐主要把握住两点：一是交响乐以多种乐器"一齐响"为突出特点，音乐气氛热烈，感染力和震撼力更强；二是打击乐在管弦乐中是伴奏乐器，在交响乐中是主奏乐器。

③协奏曲。协奏曲是指由一件或一组乐器独奏，由管弦乐队进行协奏的一种音乐体裁。其基本特点一般表现为两点：一是协奏曲以一件或多件乐器的独奏为主要音乐结构，以管弦乐队的协助来丰富音乐层次；二是用独奏乐器奏出音乐的主旋律，由管弦乐队通过齐奏、轮奏等协助方式烘托音乐背景，加强音乐气氛，增强音乐的感染力等。

### 三、音乐欣赏的要点

音乐欣赏既是一种审美活动，也是一种认知活动。音乐欣赏可以改善人的心境、培养人的生活情趣、激发人的生活热情和振奋人的精神等。怎样从音乐欣赏中获得充分的审美体验呢？主要应把握住以下几点。

#### （一）聆听

音乐是听觉艺术。音乐的美首先为听觉所感知，音乐欣赏要靠听觉来实现，因此，聆听不仅是感受和感知音乐的基础，而且也是音乐审美的主要途径。

一般来讲，音乐欣赏的基本过程是：音乐声作用于人的听觉器官，使人产生情绪的感染和激动，触发人的想象与联想，进而使人凭借自己的生活经验感受和理解音乐所表达的思想内容，从中受到情感的熏陶和精神的鼓舞等。在这一过程中，听觉占据绝对主导的地位。

聆听主要应把握住以下几点：

一是从把握音乐的旋律切入进入音乐情境。旋律是塑造音乐形象、描绘音乐情境、表达音乐思想的重要手段。旋律的激越或舒缓、粗犷或细腻等，都是由表现思想感情的需要所决定的，因此，把握住了旋律，也就是把握住了音乐的感情基调。在此基础上，进入音乐情境、体验音乐情感和理解音乐思想就十分容易了。例如，小提琴协奏曲《梁祝》以舒缓的旋律、浓厚的感情气氛将人带进音乐情境，使人不由自主地展开想象。

二是从感受音乐的节奏展开审美活动。节奏是音乐表现情感和思想的重要手段。节奏的强弱、快慢等，能反映出不同的情感倾向。节奏还可以帮助人们了解音乐作品的体裁形式，比如进行曲、圆舞曲、抒情曲等。因此，对音乐节奏的把握是体验音乐情感和理解音乐思想的重要一环。

三是认真倾听、细心感受音乐的结构、曲式等。音乐作品的曲式、结构同乐作品要反映的艺术形象和思想内容有着紧密的联系，也是表达音乐思想的极为重要的手段。一部音乐作品总是会有一个或几个音乐主题，并通过对这些音乐主题的发展变化来表达音乐形象和音乐思想。如乐曲《嘎达梅林》，开头是一段略显宁静的引子，接着双簧管吹出了悠扬优美的主部主题旋律，描绘了辽阔壮美的草原风景。紧接着，由长号和大号奏出了一段凄婉的副部主题音乐，和主部主题音乐形成强烈的对比。几个主题交织在一起，表达出丰富的情感内涵。

在欣赏音乐作品时，我们应当细心倾听作品的每一部分，细心感受每一部分的细微变化及其演进过程，借以把握音乐形象，进入音乐意境。与此同时，我们还应感受整部作品的音乐效果，包括音响强弱、节奏张弛、和声的运用、配器的处理，以及运用各种乐器的不同音色表现不同的情绪等，全面感受音乐作品所要表达的思想和情感。

（二）想象与联想

音乐所塑造的形象和描绘的意境是比较抽象的，不是听众能从音响中直接感知到的，它必须通过想象和联想才能予以把握。这就是说，想象和联想是音乐欣赏十分重要的一个环节。

音乐欣赏过程中的想象和联想活动几乎是在对音乐进行聆听的基础上自然而然地发生的，只需欣赏者将其引向深入即可实现对音乐作品情感的深刻体验和思想的深透理解。例如欣赏歌曲《十五的月亮》，那美妙的旋律、含情的唱词一听就能将人带进一种月夜相思的情境，继而使人展开丰富的想象，对音乐形象和情境进行脑中再现和理解。

从另一个角度讲，音乐最能给人以想象、联想的广阔空间。音乐的这一审美特点对于培养创造性思维大有帮助，随着音乐的流动，人的形象思维会更加积极活跃，更加开阔自由。一个音乐作品的好坏，不仅在于它是否好听，而且还在于它是否塑造了鲜明的音乐形象或是否描绘了美妙的音乐情景，这些是音乐能够把人的想象引向无穷空间的重要基础。例如著名的二胡曲《二泉映月》，不仅以优美的旋律打动人心，而且其深邃的意境能够很自然地将人带进一种境界，使人放飞思想，心灵徜徉。尤其是它那时而舒缓有致、时而激越昂扬的曲调，使人不由自主地随着音乐进入一种月色凄清、水光潋滟的情境之中，灵魂被一缕淡淡的忧伤抚慰着，情感和思想得到升华。

（三）情感体验

音乐是情感与情绪的艺术。音乐对人的作用首先体现为情绪的感染和情感的触发。欣赏者对于音乐作品的认知，首先是在情绪上受到感染，继而才能达到对音乐所表现的情感和思想的理解。从另一个角度看，音乐是表现艺术。它与再现艺术的最大不同是：再现艺术要依照现实生活的形态，塑造看得见或者摸得着的艺术形象，通过具体的形象来表情达意。音乐艺术则是将人们的生活感情直接地表达出来，是感情的直接载体。饱含着感情的音乐作品，给人的感受是直接的，情感影响是强烈的。因此，情感体验是音乐欣赏十分重要的一个环节。

音乐欣赏中的情感体验可以通过三种途径来实现：一是通过认真地聆听来实现。通过聆听，对音乐的节奏、力度、音色、和声、器乐和声乐等进行全面感知，仔细地感受声音的变化，由声音的变化感悟情感的变化，获得情感上的体验，把握音乐作品的内涵。例如，听《国际歌》和《义勇军进行曲》这样的音乐，体验悲壮、义愤之情；听《大刀进行曲》和《中国人民解放军进行曲》这样的音乐，体验一种勇于斗争和不怕牺牲的豪情，等等。二是通过想象和联想来实现。人们对音乐的审美认识和情感体验是以想象和联想为基础的，想象和联想越活跃，感情体验就越强烈，对音乐的认识和理解也就越深刻。三是借助音乐标题和文字提示，结合欣赏者自身的生活经验进行体验。

（四）形象与意境的再创造

由于音乐的内容不像绘画和雕塑那样具有直观性和具体性，也不像文学作品那样具有明确的语言内涵，音乐所表现的思想或心理视像常常是不确定的。特别是一些无标题的器乐作品，不同职业、不同性格和不同欣赏水平的人，从中获得的情感体验或对其思想的理解都会存在一定的差异。

音乐情感和思想的不确定性，虽然让人们很难用语言精确而具体地表述其内涵，也使人很难说清从中获得的感受。这恰恰为人们提供了自由的想象再造空间，使人们能够调集自己的生活经验，充分发挥想象与联想能力，对音乐形象或意境进行补充、完善和再创造，继而从中获得更加真切而强烈的情感体验。

音乐欣赏过程中的形象与意境再造是以音乐作品本身所表现的情感为基础的，尽管其情感可能不具有十分的确定性，但它施加给人们的情绪感染作用是大体一致的。况且，任何一件音乐作品一般都有其特定的感情内涵或表达着特定的感情倾向，这为人们的欣赏再造确定了基准。因此，即使不同的欣赏者欣赏同一部音乐作品时，根据自己的生活经验和思想基础对作品进行了不同的再创造，对作品的意义或内容有着不同的理解，产生了不同的审美体验，但从中获得的收益的性质大致是相同的。比如，欣赏刘和刚演唱的《父亲》这首歌曲，不同的欣赏者脑海中浮现出的生活情景是各不相同的，但从歌曲中获得的情感体验和受到的灵魂洗礼是大体一致的。

（五）主题分析

虽然音乐以感性认知为主，理性认知为辅，但音乐作品中大多都蕴含一定的思想，这是一个不争的事实。换句话说，人们欣赏音乐的首要目的是从中求得审美愉悦与情感体验，而不是期盼从中得到某种知识或思想，也不是为了接受思想教育。然而，没有思想内涵的音乐作品是苍白无力的，仅仅从音乐作品中求得审美愉悦的欣赏活动也是浅层次的。因此，音乐欣赏也需要上升到理性的高度。

对音乐作品的理性欣赏是在感性认知的基础上，对作品的旋律、节奏、曲式结构、作者的创作意图和赋予作品的思想内容等进行分析，继而把握作品的主题思想、表现形式、风格、表现手法等，以求强化审美主体的心理体验，深入理解、领会音乐作品的思想内涵。至此，音乐欣赏活动才算进入到了一种境界。

在对音乐作品进行理性欣赏时，首先要在聆听的基础上对音乐的旋律、节奏、和声处理、配器手法等进行全面认知，其次是对音乐作品产生的时代及历史背景、作者的生活经历和创作意图等进行了解，这样把握作品的感情倾向和思想内涵就比较容易了。

总之，欣赏音乐作品就是从中求得一种体验和感悟，获得情感的体验和美感享受，受到精神的激励和鼓舞，得到思想的启迪与涵养。从方法上讲，音乐欣赏必须从聆听开始，也就是从对音乐节奏、节拍、速度、力度、音调、音色、和声、器乐和声乐等的全面感知入手。通过聆听，仔细地感受声音的变化，由声音的变化感悟情感的变化，获得情感上的体验，把握音乐作品的内涵。

对于单纯求得审美愉悦的普通人来讲，对于音乐作品的欣赏，没有必要刻意地去感知、分析和研究，只需借助于聆听，自然而然地进入音乐情境，自由地放飞心灵，达到身心轻松、精神愉快、情绪安定等效果就可以了。在音乐作品的选择上，个人完全可以根据个人的喜好选择，只要自己听起来觉得悦耳动听，并且能够消除疲劳、缓解紧张情绪和舒展心情就行了。

## 第二节　雕塑美

雕塑是运用可塑性、可雕性的物质材料，如玉、石、木、金属、黏土等，通过雕、刻、塑、铸、焊等手段制作的反映社会生活，表现理想、愿望、精神寄托等主题的一种可视、可触、静态和立体的造型艺术。

## 一、雕塑艺术的特点

雕塑艺术是在三维空间内通过形体塑造来表达思想、抒发感情、表现审美意趣和寄寓精神的一种艺术形式。与其他门类的艺术形式相比，雕塑艺术具有以下几个特点。

### （一）以形体为基本表现形式

雕塑作品的思想内涵、审美意趣都是通过一定的形体来表现的，以形体为基本表现形式是雕塑艺术的最大特点。正是因为以形体为基础，雕塑作品长于表现事物的外形特征，易于做到形神兼备，并且容易在视觉上给人们以强烈的"冲击力"，把人们的目光吸引过来，使其有意无意地成为欣赏者。与此同时，形体本身的直观性又决定了雕塑艺术易于为大多数人所感知和欣赏，这就决定了它是一种大众性的艺术形式。

以形体为基本表现形式决定了雕塑的简洁性和概括性，短于叙事而长于精神表现，因此，雕塑作品常常用于表现精神寄托、信仰和崇拜，以及审美意趣等。例如，图5-2-1这件北齐时期的石刻佛坐像（现藏山东青州博物馆）就是用于表现精神寄托、信仰和道德崇拜的。

图5-2-1　北齐石刻佛坐像

### （二）表现手段的单一性

舞蹈艺术不仅有形体动作，而且有音乐、灯光的配合；绘画不仅可以借助于形象和色彩，而且可以借助于概括主题的标题和题诗等。相对于这些艺术形式来讲，雕塑的表现手段比较单一，它只能依靠单纯的人物形象或事物形体来表现一定的思想、寄寓某种道德或象征某种精神等。这一特点决定了雕塑作品本身既要形象明确、特点突出，同时细节的凸显或暗示要十分清楚。例如，西汉霍去病墓前的"马踏匈奴"这件大型石雕作品（见后面图5-2-5），通过已被踏在马下仍左手持弓、右手执箭的细节刻画，旨在暗示这一匈奴败将的垂死挣扎。

（三）象征性和寓意性

因为雕塑艺术是借助于事物的形体来抒发情感、表达思想和表现道德精神的，因而难于像绘画那样进行细致和复杂的描绘，而只能凭借单纯的形象触发和唤起人们的想象与联想，使人们通过想象和联想把握其思想内涵，这就决定了雕塑作品的象征性和寓意性。例如，中国古代雕塑中的龙、凤、龟、狮、麒麟等形象，都有其象征意义。

雕塑艺术的象征性和寓意性常常与人们普遍的思想观念、审美意趣和知识经验联系起来，使人们很容易看到其内在的思想或所表现的精神。例如，中外人体雕塑作品非常注意人物姿态、表情、局部特征的雕琢，这是由人们普遍的审美观念所决定的。与此同时，雕塑作品的象征义与寓意常常隐含于与形象紧密联系的幕后故事之中。例如，当我们看到鲁迅雕塑的时候，自然而然地会想到他为民族的前途与命运呐喊与鼓呼的事迹，继而从这一雕像本身看到其所象征的与邪恶势力不屈不挠的斗争精神。

（四）体量美与视觉冲击力

雕塑作品的体量美包括两层含义：一是指大型单体雕塑作品以其形体的高大给人的庄严、雄壮、厚重等美感，二是指群雕作品以其数量和规模而给人的壮观、恢宏、博大等印象。例如，洛阳龙门奉先寺的唐代石刻卢舍那大佛（见图5-2-2），通高17.14米，头高4米，耳长1.9米，形象高大，气势壮观；现陈列于陕西咸阳历史博物馆的汉兵马俑以其数量众多给人以场面宏大、气势壮观的体量美。雕塑作品的体量美首先

图5-2-2　唐代卢舍那大佛

体现为强烈的视觉冲击力，继而转化为一种心灵震撼力，使人获得强烈的审美快感。

## 二、雕塑作品的分类

看微课
雕塑作品的分类

根据不同的分类标准来划分，雕塑可以分为很多种。其常用的分类标准及分类结果如下。

（1）按雕塑作品所用的制作材料来划分，雕塑可分为石刻、木雕、泥塑、陶塑、金属雕塑、玻璃钢雕塑等；在雕塑上施以粉彩的，叫彩雕或彩塑。例如，图5-2-3是现藏于浙江博物馆的宋代彩绘菩萨立像。这尊立像是一件泥塑施彩的雕塑作品。

（2）按形态来划分，雕塑可分为圆雕、浮雕和透雕（镂空雕）三种。圆雕是不依附背景的、完全立体的、可从四面观赏的一种雕塑。浮雕是只有一个观赏面的雕塑形式。其基本特点是有一块底板为依托，所雕塑的形体被不同程度的压缩后在一定的空间内凸显出来。例如，图5-2-4是现藏于陕西历史博物馆的唐代陶塑佛像，这件陶塑作品就是浮雕。透雕（镂空雕）是在浮雕的基础上镂空背景部分的雕塑形式。

图5-2-3　宋代彩绘菩萨立像

图5-2-4　唐代陶塑佛像

（3）按放置环境和用途来分，雕塑可分为城市雕塑、园林雕塑、室内架上雕塑、案头雕塑等。

### 三、雕塑艺术欣赏的要点

因为雕塑形象明确具体，很容易看得清楚，所以一般人都可以观赏，这是雕塑艺术的大众性。但与此同时，由于雕塑作品一般都有它的寓意或象征义，而其寓意和象征义常常是与雕塑形象背后的故事、古代神话、历史传说等联系在一起的，需要具备一定的历史文化知识才能够正确理解，这是雕塑作品的人文性。欣赏雕塑作品不仅要观赏其形象，把握其所表现的思想、昭示的道德和象征的精神，而且还要看其雕塑工艺和创作手法等方面的可取之处。雕塑艺术的欣赏要点如下。

#### （一）观赏雕塑形象

观赏雕塑形象，主要应把握住三点：一是看清楚雕塑作品的基本构成，其中包括主体形象、陪衬形象和背景雕饰等。在此基础上，明确雕塑作品所塑造的主要形象的类属。二是看雕塑作品中形象的姿态和形体特点等。因为形象的姿态不同，所表现的精神风貌不同。例如，《马踏匈奴》（见图5-2-5）和《马踏飞燕》（见图5-2-6）这两件雕塑作品，虽然雕塑的都是马的形象，但因为形象的姿态不同，表现出的精神风貌不同。前者通过马坚实站立的形象表现其力量，后者通过马奔跑的姿态表现其速度。三是看雕塑作品的体量。雕塑作品的体量不仅决定其观赏性，而且反映着创作者的雕塑水平和艺术精神等。例如，不论是秦始皇陵区出土的秦兵马俑，还是咸阳杨家湾汉墓出土的汉兵马俑，几千个士兵形象没有一个与其他形象是相同的，这不仅反映了创作者高超的技艺，而且反映出了

图5-2-5　马踏匈奴

图5-2-6　马踏飞燕

他们追求完美的艺术精神。

（二）把握思想意义

雕塑作品的真正价值不是审美表现，而是思想表达。因此，欣赏雕塑作品必须准确把握作品的思想意义。怎样才能准确把握作品的思想意义呢？一是通过了解形象在特定文化背景下的寓意或象征意义来把握。以中国古代雕塑作品的欣赏为例。在中国传统文化中，很多事物的形象都有其基本的寓意和象征意义，如龙象征着刚健有为、马象征厚德载物、牛象征着吃苦耐劳等。二是通过形象的基本特征和细节特点来把握。例如，《掷铁饼者》（见图5-2-7）这尊青铜雕像，通过掷铁饼者强健有力的肌肉和突出的筋腱等形象特征来表现人物的强健有力，使人们感受生命与健康的美好。三是通过形象背后的故事来把握雕塑作品的思想意义。例如，图5-2-8《苏武牧羊》这件雕塑，以苏武形象为主体，以两只羊和苏武手中的旌节为辅助，讲的是苏武持节牧羊的故事。只要熟悉苏武牧羊的历史故事，就能正确理解这尊雕像的思想意义。四是通过与雕塑作品形象相关的历史传说、神话故事等来分析其思想意义。例如，天禄是中国古代传说中主持公道的一种神兽，遇到不公平的事情时，它就用角去抵触过错的一方。唐代皇帝的陵前石刻中，都有天禄（见图5-2-9）这种神兽雕塑，要把握这些雕塑作品的思想意义，就需要知道相关的历史传说。五是根据雕塑作品创作的背景、放置环境等分析其思想意义。例如，《统一六国》（见图5-2-10）雕塑放置在咸阳市的城市广场，其思想意义是象征着这个城市的历史。

图5-2-7　掷铁饼者

图5-2-8　苏武牧羊

图5-2-9 唐顺陵天禄

图5-2-10 统一六国

## （三）分析艺术特色

因为各种艺术门类的创作手法大多是相通的，对雕塑作品艺术特色的分析不仅能加深对它的认识和理解，获得更充分的美感体验，而且能够获得思想方法和创作方法的提示，提高思想分析能力和文艺作品的创作能力。

对于雕塑作品艺术特色的分析主要从四个方面入手：一是从构图元素的分析入手。因为在雕塑作品中，不仅每一个构图元素都具有一定的含义，所有元素按照一定的关系组合起来共同支撑着作品的主题，而且某一元素的巧妙使用使作品的主题很好地凸显出来，或者使作品的艺术魅力一下子得到增强。例如，在青铜雕塑《马踏飞燕》中，被踩在马蹄下的燕子这一元素的使用使得骏马飞奔的主题被成功地凸显出来；大理石雕像《断臂的维纳斯》（见图5-2-11）中，下半身的长裙这一元素的使用，使得雕塑形象显得高雅起来。二是从创作方法入手。在古今中外难以数计的雕塑佳作中，既有现实主义的珍品，也有浪漫主义的杰作。由于创作手法的不同，作品的风格各异，艺术魅力也不同。与此同时，写实的作品大多表现的是人们的道德认同、生活愿望和审美志趣等，虚构的雕塑形象常常表现的是人们的精神崇拜和精神寄托等。例如，中国古代雕塑中的青龙、朱雀等神兽形象，就是人们采用浪漫主义的创作方法虚构出来的。人们虚构这些形象的目的，主要是精神寄托。三是从表现手法入

图5-2-11 断臂的维纳斯

图5-2-12 人与熊　　　　　　　图5-2-13 东魏石刻佛像

手。根据表现主题的需要,在雕塑创作中,创作者经常使用夸张、对比和衬托等表现手法来塑造形象。例如,在西汉霍去病墓前的大型石刻雕像群中有一件《人与熊》雕塑(见图5-2-12)。这件雕塑采用了夸张的表现手法,让人与熊不仅相互抱着,而且互相咬着,将人与熊殊死搏斗的精神成功地凸显出来。四是从雕塑工艺入手。雕塑工艺不仅在一定程度上决定着作品的思想表现力,而且决定着作品的艺术魅力。例如,图5-2-13这件东魏时期的石刻佛像(现藏麦积山研究院)将衣饰的纹理雕刻得生动细腻,增强了整个作品的美感。

## 第三节　绘画美

绘画是在平面上描绘形象或场景,借以表达思想感情、反映道德和精神,或是表现审美意趣的一种艺术形式。与雕塑艺术比较,它在平面上创造图像,作品形态是平面的,没有雕塑艺术的立体感;与工艺美术相比较,绘画是表达思想感情、反映道德和精神,以及表现审美意趣的,而工艺美术作品是起美化装饰作用的,二者的创作目的不同。

### 一、绘画艺术的一般特点

绘画是用色彩和线条在平面上描绘形象的一种艺术形式。它以现实存在的各种事物为形象基础,以事物美的属性和人们赋予事物的各种文化意义为表现内容,或唤起人们的审美体验,或启发人们的思想,或激励人们的精神等。概括起来,绘画艺术具有以下几个特点。

(一)平面与静态的表现形式

绘画是在平面上描绘各种事物形象或场景,各种形象进入画面后,都是以平面的形式呈现出来的。与此同时,不论是静态的事物,还是动态的事物,一旦被描绘下来,在绘画中都是以静态的形式表现出来的。

绘画虽然以平面和静态的形式存在,但它既能够通过空间的透视关系和色彩的明暗变化表现出事物的立体感,也能够表现出事物的动感。例如,图5-3-1这幅山水画,虽然是以平面的形式存在的,但是通过物象的位置关系、色彩的明暗变化等,将形象的立体感和场面的空间感都表现出来了;图5-3-2是吴昌硕的《墨竹图》,这幅画中的竹叶表现出了在风中摇曳的动感。

图5-3-1　张文莉国画　　　　图5-3-2　吴昌硕《墨竹图》

## （二）视觉规律的综合利用

绘画虽然是在平面上描绘形象或场景，但必须表现出形象的立体感和场面的空间感，因为只有这样，才能生动、形象地表现出事物的美感及其蕴含的道德与精神。那么，绘画是怎样在二维空间上将形象的立体感和场面的空间感表现出来的呢？主要是利用了人们对不同距离的物体的视觉幻觉和视觉思维经验。具体地讲，是利用了五种视觉规律：一是物象的大小关系，即利用视知觉的一般规律，大的被感知为大，小的被感知为小；二是物象的遮挡关系，即遮挡物象在前，被遮挡物象在后；三是透视变化规律，即物体近大远小的视觉规律；四是利用色彩变化的一般规律，其中包括明暗变化、色相变化、色度变化和对比度变化等；五是利用物象的虚实变化规律，即物象近实远虚，近处清晰、具体，远处概括、模糊。在绘画创作中，这五种视觉规律一般是同时使用的。

## （三）想象与联想的启示性

绘画不仅通过视觉形象的描绘表现人的思想感情，而且还力求使欣赏者通过画面联想到没有出现在画面上而又和画面形象有密切联系的事物。清代笪重光在《画筌》中说："虚实相生，无画处皆成妙境。"这句话讲的正是绘画采用虚实相生的手法，描绘具体物象于画中，引人的思维至画外，使人获得更加丰富、更加强烈的审美享受。例如，图5-3-3这一组《杭城观花图》，画的是杭州春夏秋冬四个季节中最具代表性的几种花卉。凡是熟悉杭州生活的人，只要看到这一组

图5-3-3　黄高才《杭城观花图》

国画就会联想到春天灵峰梅花盛开、夏天西湖荷花盛开、秋天满陇桂花飘香和冬天满城山茶花开的美好景象。

（四）再现与表现兼长

绘画长于描绘，并且对形象和场景的描绘可以达到逼真的程度，因此，可以对现实存在的各种形象和场景进行完美的再现。例如，西方的油画和中国画中的工笔画大多是采用再现的方法展示形象和场景的美，借以唤起人们的审美体验、激发人们的生活热情的。

绘画创作中再现方法的使用虽然可以使所绘形象或场景的视觉美感完美地展示出来，使人们从中获得充分的审美体验，但很难将物象的思想内涵表现出来。于是，艺术家们便开始研究绘画的表现功能并将其应用于创作实践。这里，我们分别从中国绘画艺术的发展过程和西方绘画实践两个方面来看。

从中国绘画发展的历史来看，早在距今7000—5000年前的仰韶文化时期，中国的彩陶上就出现了写意的绘画图案。图5-3-4所示的是一件出土于西安半坡遗址的仰韶文化时期的彩陶盆，这件彩陶盆上就绘有人面和鱼纹写意图案。到了秦代，陕西关中地区的瓦当上便出现了鹿纹、植物纹和雷云纹等写意图案，这些图案已经有了明确的思想含义，如图5-3-5是出土于秦咸阳宫遗址的一件鹿纹瓦当，这枚瓦当上有一只写意鹿的形象，其寓意是福禄常至。到了宋代，画家米芾和米友仁父子提出了"心画"的主张，强调绘画要表现人的思想、感情和精神等。这一观点实质上就是强调绘画的表现性。因为中国绘画在发展过程中一直重视写意，所以最终形成了以写意为突出特点的绘画风格。写意画具有超强的思想表现力。

图5-3-4 人面鱼纹彩陶盆

图5-3-5 秦代鹿纹瓦当

图5-3-7 凡·高《第一步》

从西方的绘画实践看,荷兰籍画家凡·高、法国印象派画家莫奈等一批大师创作了很多思想性十分突出的绘画作品。例如,图5-3-7凡·高的《第一步》。这幅画通过母亲扶着孩子、然后放手让孩子自己走的瞬间动作和父亲伸长手臂的保护动作,表现了亲情与爱的主题,画作的思想性十分突出。

（五）视觉美感的丰富性

不同的画种,由于绘画工具、材料、创作方法、艺术技巧等的不同,具有各自不同的艺术风格和不同的视觉美感。如,中国画意境高远、清新淡雅、富有神韵,油画色彩艳丽、物象逼真、视觉美感十足。从另一个角度看,由于不同的画家驾驭绘画语言的功夫不同,以及运用笔法、墨法、刀法、色彩、构图等的差异,即使画同一画种、相同题材的作品,给予人们的美感也不尽相同。

## 二、绘画的分类

采用不同的方法来分类,绘画可分为很多种。具体分类如下。

1. 按照绘画工具和使用的材料来分,绘画分为中国画、油画、版画、水彩画、水粉画和素描等。

（1）中国画。

中国画是指用毛笔蘸水、墨、彩作画于绢或纸上的一类绘画样式,简称"国画"。中国画创作使用的绘画工具和材料主要有毛笔、墨、国画颜料、宣纸、绢等,题材可分人物、山水和花鸟三大类,技法分为工笔和写意两种。

中国画的最大特点是注重人的情感、道德与精神表现,讲求"以形写神",追求一种"妙在似与不似之间"的神韵,画风清新,意境高远。例如,图5-3-8这幅董寿平的《苍松图》,用笔自然随意,墨色变化潜移,很好地表现了松树的风骨精神。

看微课
绘画的分类

看微课
中国十大传世名画

（2）油画。

油画起源于欧洲，约15世纪时由荷兰人发明，用亚麻子油调和颜料，在经过处理的布或木板上作画。油画颜料不透明，覆盖力强，所以绘画时可以由深到浅，逐层覆盖，使画作产生出立体感，如图5-3-9这幅油画（常书鸿作，现藏浙江博物馆）。油画是西方绘画的主要品种。

图5-3-8 董寿平《苍松图》

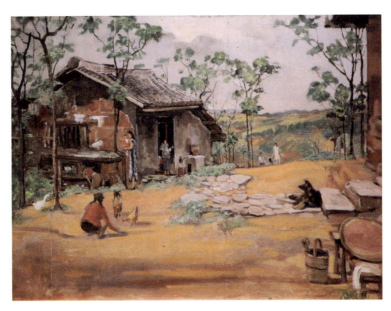

图5-3-9 常书鸿《重庆凤凰山即景》

（3）版画。

版画是在不同材料的版面上刻画形象后印制而成，它的最大特点是可以连续重复印制。由于版材的性质与刻印方式的不同，版画分为木刻、铜版画、石版画等，其中木刻是最常见的版画形式。

（4）水彩画和水粉画。

水彩画和水粉画是用水调和颜料创作的绘画，大多画于纸上。水彩画特别借助水对颜料的渗溶效果及纸的底色，产生画面的透明感及轻快、湿润的艺术特色。水粉画颜料有一定的覆盖力，又容易被水稀释，可用干、湿、透明、厚积等不同表现方法作画，其特点兼有水彩的明快、油画的浑厚。当代的宣传画、广告画多采用水粉材料画成。

（5）素描。

素描又称单色画，广义上指的是以任意一种材料作单色的描绘，狭义上是指用铅笔、钢笔、木炭笔等在纸上绘出形象。素描一般是画家的写生之作，即面对人物或风景描绘而成，是一种带有研习性的绘画基础训练作品。有时也指画家构思大幅创作的草图。

2.按照作品再现或表现的对象来分，绘画可以分为人物画、风景画、静物画和动物画等。

（1）人物画。

人物画是以人物形象为画面主体的绘画的总称。人物画力求人物个性刻画得逼真传神、气韵生动、形神兼备。其传神之法，常把对人物性格的表现寓于环境、气氛、身姿和瞬间动感的描绘之中。

（2）风景画。

风景画是指以风景为描绘对象的绘画。中国画中的山水画就属于风景画，但其在中国画艺术中一般不用"风景画"的概念而称作山水画。风景画的概念现在一般仅使用于西方传入的油画、水彩画等。西方的油画风景、中国的山水画最早只作为人物画的背景，后来才逐步发展为独立的画科。

（3）静物画。

静物画是以相对静止的物体为主要描绘对象的绘画。所绘物体（如花卉、蔬果、器皿、书册、食品和餐具等）都是根据作者创作意图的需要，经过认真的选择、精心的摆布和安排的，其中的物体在形象和色调关系上，在画中都能得到较好的表现。

（4）动物画。

动物画是以各种动物为描绘对象的绘画的总称。动物画以动物形象为载体，借以表达人的愿望、幻想和各种思想感情等。它的题材很广泛，凡动物均可入画，其主要对象为人们常见的家禽、家畜和动物园中的各种动物。动物画不要求惟妙惟肖，允许夸张与变形，但要有个性，要能引起观众对生活美的联想。动物画在中国画里是被归入花鸟画一类的。例如，唐代韩滉的《五牛图》就是动物画。

## 三、绘画的基本表现手段

绘画艺术是在平面上描绘物象、制造空间感，展示现实生活与想象世界的事物与景象，传达人的思想感情的视觉艺术。其基本表现手段是运用线条、色彩、构图、明暗等绘画语言描绘物象，借以传达人的思想和感情等。

（一）线条

线条就是绘画时勾勒轮廓的线，有曲线、直线、折线，有粗线、细线，统称

"线条"。线条是绘画的主要表现手段之一，线条美是构成绘画形式美的一个重要因素。

相对于西洋画来讲，中国画更重视线条的使用。值得注意的是，中国画中的线条大都不是物象所原有的，是画家用以表示两物象的界限的。例如，描一条蛋形线表示人的脸孔。人脸孔的周围本来就没有此线，画家是借助此线表示脸与背景的界线的。又如山水、花卉等，实物上原本也都没有线，是画家借来造型描像用的。图5-3-10是齐白石的《百寿图》。这幅画中从小孩子的脸部轮廓，到两个人服饰的质感表现等，大量使用了线条表现的手段。

在中国画中，线条是塑造形体的外轮廓线和标明形体内部结构的结构线，它在造型中具有很重要的作用。运用丰富多样、生动变化的线条语言描绘表现对象，能使绘画具有一种特殊的美感。

图5-3-10　齐白石《百寿图》

（二）色彩

色彩是最具感染力的绘画语言，一幅成功的绘画作品，不论其是水彩画、水粉画，还是油画、版画，都要具有色彩美。缺乏色彩美的绘画，很难取得生动感人的艺术效果。

因为现实存在的色彩本来就能影响人的心境和唤起人的联想等，所以色彩的运用可以增强绘画对人的情感反应的驱动性。

中国的山水画，由于用色的不同而分为青绿、金碧、没骨、浅绛、水墨等不同的种类，各具不同的色彩美。即使是"水墨画"，也要通过墨色的变化体现出色彩美。关于这一点，唐代张彦远在《历史名画记》中说："运墨而五色具。"所谓"五色"，就是指作画时，用水调节墨的浓、淡、干、湿、黑，使墨色富于变化。清代唐岱在《绘事发微》中论道："墨色之中，分为六彩。何为六彩？黑、白、干、湿、浓、淡是也。"墨有六彩，才能生动地表现物象。水墨画在用笔的基础上，充分发挥墨法的功能，使墨色互为渗透掩映，从而取得美的艺术效果。图5-3-11是明代画家徐渭的《墨葡萄》。这幅画墨色的浓、淡、干、湿和黑白变化层次分明，具有独特的视觉美感。

相对于中国画而言，西洋画在色彩的运用方面更具活力。如西方的主要画种油画，颜色笔笔衔接，铺满画面；层层积色，构成灿烂、艳丽或凝重浑厚的色彩效果。

### （三）构图

绘画创作时，根据题材和主题表现的要求，把要表现的形象合理地组织起来，构成一个和谐、完整的画面，这一过程称之为构图。构图是绘画的基础，构图的成功与否，直接决定着绘画的成败。一般来讲，绘画构图应该满足以下几点要求。

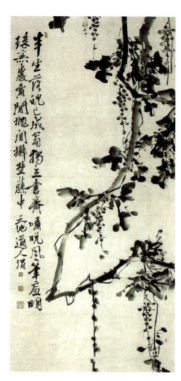

图5-3-11　徐渭《墨葡萄》

1.宾主关系明确，位置安排得当

绘画作品中的艺术形象的主次，谓之宾主。例如，在人物画中，以人物为主，环境为宾。绘画构图的第一原则是不能喧宾夺主，如肖像画，不能将服饰画得比五官还引人注目。构图时，首先要明确主要形象，并以主要形象为视觉中心布局画面，以使内容主次分明，令人一目了然。需要说明的是，构图中心不是指画的中央，而是指观众视觉的焦点。

2.构图结构形式与内容的统一

构图结构形式一是指画幅形状，二是指画中形象组织布局的形式。组织布局的形式，即通常所说的组织结构为S形、三角形等基本结构形式。构图结构形式的选择，力求与内容要统一。

3.色彩与表现内容的统一

色彩是最富有表情力的艺术语言，它能直接引起人的情感反应，使人不知不觉地进入联想，从而对绘画内容进行深刻的理解。因此，在构图时，要充分考虑不同色彩对人的情绪和情感的影响，注意色彩与表现内容的统一。

4.构图要符合形式美的法则

绘画构图要遵循变化、统一、对比、协调、均衡、稳定、节奏、韵律等形式美的法则。

### （四）明暗

明暗是指绘画中物体受光、背光部分的明暗度变化以及对这种变化的表现方法。物体在光线照射下出现两种明暗状态，即亮面和暗面。两大部分光色明暗一般又表现为五个基本层次：一是亮面，即直接受光部分；二是灰面，即中间面，半明半暗；三是明暗交界线，即亮部与暗部转折交界的地方；四是投影，即背光物体的阴影部分；五是反光，即暗面受周围反光的影响而产生的暗中透亮部分。依照明暗层次来描绘物象，一直是西方绘画的基本方法。

明暗是自然界的物理现象——由于光线总是从一个不同的角度照射物体，物体各个侧面受光的不均匀性造成明暗变化，这样的明暗变化使物体呈现出立体感。绘画正是利用这一原理，通过明暗层次的处理来表现物象的层次感。

### 四、绘画欣赏的要点

不论是对自然或生活中的美好景象进行再现，还是对事物形象所蕴含的思想、道德和精神进行表现，绘画作品在创作的过程中都会对描绘对象进行典型化的处理。经过典型化的处理之后，绘画中的景象已经不再是自然的物象，有的被倾注了创作者的感情，有的被赋予了一定的思想、道德或精神。因此，欣赏绘画作品不能像欣赏自然景象那样单纯地进行审美观照。那么，应该怎样欣赏呢？

看微课

绘画欣赏的要点

#### （一）审美观赏

作为一种视觉艺术，绘画作品的欣赏首先必须从观赏入手。怎样观赏呢？一是弄清楚所画内容，即看清楚画上都画了些什么，以及所画物象的主从关系等。二是整体观赏，获得视觉印象。由于题材不同、画种不同，绘画给人的视觉印象是互有差异的，有的让人觉得美，有的使人感到意趣，有的使人看到一种精神。例如，图5-3-12这幅齐白石先生的绘画作品，首先让人感到一种意趣，继而从画题产生联想与思考。三是用心感悟，获得审美体验、道德启示等。绘画的题材丰富，意思表达各不相同，要真正把一幅画看懂，还需要用心感悟，这样才能获得充分的审美体验、明确

图5-3-12　齐白石《他日相呼》

的道德启示或强烈的精神激励等。

（二）思想分析

不论是西洋画，还是中国画，都十分重视思想感情的表达。特别是中国画中的花鸟画，其思想性比审美性更加突出。因此，绘画欣赏要特别重视画作的思想分析。怎么分析呢？一是从所画物象的寓意或象征义入手进行分析。因为现实存在的各种景象很多被人们赋予了文化意义，这些景象入画之后都有明确的思想含义。例如，日出象征着希望，风帆寓意远行，竹子象征着平安，牡丹象征着富贵等。二是从物象的组合关系着眼进行分析。具有明确寓意或象征义的物象相互组合，意思表达更加丰富和多样。组合不同，其思想意义不同。例如，竹子和牡丹组合成画，表达的意思是富贵平安；竹子和石头组合，表达的意思是平安稳定。三是从画题分析入手。由于现实存在的很多景象具有丰富的文化内涵，其寓意和象征义很多。例如，自古以来，人们从竹子这一物象上发现了很多道德和精神特征，赋予了它丰富的思想内涵。图5-3-13这幅苏轼的《墨竹图》，首先让人看到的是铮铮傲骨，继而使人联想到做人的气节和精神。

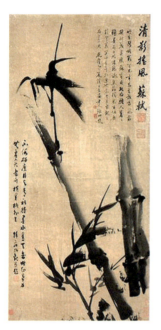

图5-3-13　苏轼《墨竹图》

（三）艺术分析

绘画创作的选材、构思、主题表现等与文章写作极其相似，因此，对画作进行艺术分析不仅可以使欣赏活动上升到理性的高度，而且可以从中受到一些方法的启示，有助于写作能力的提高。一般来讲，对画作进行艺术鉴赏主要从四个方面入手：一是看素材处理是否巧妙和恰当。根据创作方法来分，绘画作品分为再现和表现两大类。表现性的绘画作品一般都要对描绘对象进行取舍和剪裁，若处理得当，不仅使绘画的可观赏性增强，而且思想表现十分突出。例如，齐白石先生的作品常常只画几片叶子、几只虫子或一两个果实，不仅富有意趣，而且还主题突出。二是看整幅作品的构图。绘画作品的构图不仅决定其视觉效果，而且决定其思想表现。看绘画作品的构图，主要是看其构图是否和谐，物象关系是否清楚，虚实处理是否恰当等。例如，吴昌硕先生国画作品最大的特点是构图十分和谐，让人看了心里舒服。三是看技法的运用。技法的运用是为了增强表现效果，但使用不当就会弄巧成拙，因此，从艺术的角度分析绘画作品，还要看技法的运用是否得当，是否取得了好的表现效果。四是看一般手段的运用，其中包括线条的使用是否得体，色彩的运用是否恰当，明暗处理是否到位等。

### （四）价值判断

绘画欣赏的意义不仅仅是从中获得审美享受、思想启示、道德感召和精神激励，而且要对其优劣进行判定，为作品收藏提供参考。因为绘画作品收藏自古以来都是一种十分重要的投资和财富获取行为。怎样才能对一幅画作的价值做出正确的判断呢？就画作本身而言，应把握住三点：一是看画作的整体质量。一幅画的收藏价值首先是由它的质量决定的，其中包括内容质量和艺术水准两个方面。就内容来看，画作能够对人产生的积极文化影响越大，质量越高；就艺术水准来看，画作的可观赏性越强，质量越高。二是看画作的独创性和独特性。一幅画作的独创性越强，特点越突出，其收藏价值越大。三是看画工。一般来讲，作品的画工越好，收藏价值越大。何谓画工好？用笔自然，用色恰当，没有败笔，画面干净等，都是画工好的表现。

## 第四节　舞蹈美

舞蹈是以人的形体姿态和动作为主要表现手段，借以表现生命活力、生活激情，以及人们对生活的美好向往等情绪的一种艺术形式。舞蹈欣赏可以使人体会到人生的精彩、生活的美好，激发人的生活热情，振奋人的精神，使人更加热爱生活，更好地生活。

### 一、舞蹈艺术的基本特点

舞蹈以人体美为基础，把人体动作作为主要表现手段，通过有节奏、有章法地变换不同的动作姿态，塑造舞蹈艺术形象，使人们通过对舞蹈形象的理解和体会把握舞蹈所表现的思想。概括起来讲，舞蹈艺术主要有以下几个基本特点。

#### （一）造型性

舞蹈是以人体美为基本审美元素的艺术，舞蹈艺术形象主要是人物形象。换句话说，舞蹈艺术的美首先表现为人的形体美，主要体现于人体的造型美。

看微课

舞蹈艺术的基本特点

舞蹈艺术首先呈现给人们的是充满生命活力的美的人体。不论什么舞蹈，首先跃入观众眼目的是舞蹈演员匀称健美的形体和与之相关的局部身体特征，如表现男演员强健有力的臂膀、胸肌、腿部力量感（见图5-4-1），表现女演员温柔美丽的婀娜多姿的体态、优美迷人的曲线、纤纤玉手、美胸秀肩（见图5-4-2）等。

图5-4-1 强健有力

图5-4-2 婀娜多姿

在舞蹈艺术中，表演主体的形体美主要是通过舞蹈造型展示出来的。值得注意的是，舞蹈造型虽然有着与雕塑相似的象征与暗示意义，但它与雕塑的静态性不同，是一种动态的造型艺术。具体地讲就是，舞蹈形象始终处于运动状态中，即运用一定的线索将一个个造型连接起来，并且使其具有前后相继性，借以塑造出各种活生生的动态形象。换句话说就是，舞蹈的造型，不仅是人物形象的静态造型，更主要的是动态造型，是和人体动作相结合的造型美。

（二）动作性

无论什么样的舞蹈，其基本的因素都是动作姿态、节奏和表情，而其中最主要的是人体动作。没有动作，就没有舞蹈。

舞蹈动作是一种具有审美特性而富于技巧性的人体运动，举手投足都要能够给人以美感。与此同时，舞蹈动作又不同于一般的人体动作，而是一种活生生的艺术表现手段。如图5-4-3的旋转动作通过轻灵舒展的舞姿和欢快的节奏表现生活的多姿多彩，使观众感受到生活的美好，继而产生对美好生活的向往之情。图5-4-4的欢快跳跃动作通过生命活力的展示，激发观众的生活热情，振奋其精神。

图5-4-3 旋转

图5-4-4 跳跃

舞蹈动作的产生主要有两个途径：一是对生活动作的典型化处理，二是对自然的模仿。

生活中自然性的动作一般没有象征和暗示意义，所以不能直接用于思想表达。这就需要对其进行艺术加工，使之成为舞蹈化的动作，也就是成为有节奏的、具有造型美的和富有表现力的动作。对生活中自然性的动作的加工也就是我们在艺术创作理论上所讲的典型化。如图5-4-5这个象征着携手奋进的动作是以现实生活中的携手、攀登、迈进、展望等多种自然动作为基础，经过艺术加工和巧妙组合而创造出来的。

为了既充分展示人体美的特征，又清楚明白地表达舞蹈思想，舞蹈创作者常常通过模仿人们所熟知的事物的形态来创造出一些舞蹈动作。这样，既可以使整个舞蹈充满意趣与活力，又可以使舞蹈动作的象征与暗示意义更加明显。例如，为了表现女性的婀娜多姿，模仿风摆细柳的情态，以腰臂柔和的扭动表现出形体的匀称美、曲线美，乃至女性

图5-4-5 携手奋进

的温柔美；为了表现男性的刚健，模仿骏马奔腾或鹞子翻身等情态，将生命的活力充分地展示出来。此外，如模仿兰花的形状表现手指秀美，模仿鸟的飞翔姿态表现身体的轻盈等。

不管是哪一类舞蹈动作，一般都具有两个特性：一是能够展示出人体美的特征，表现出生命活力；二是有明确的象征和暗示意义，能够很好地表现舞蹈主题。

### （三）节奏性

动作与节奏是一对孪生兄弟，只要有动作就有节奏。舞蹈是动作的艺术，因此，舞蹈离不开节奏。舞蹈节奏就是舞蹈动作在力度的强弱、速度的快慢、能量的增减，以及幅度的大小等方面的对比和变化。舞蹈动作的连续性决定了它必须在一定的节奏下进行，即必须通过节奏的速度、力度、能量及抑扬顿挫等来表达思想。可以说，没有节奏就不可能有动人的舞蹈。节奏既是表达内在情感的基础，又是构成舞蹈艺术的要素之一。

相同的动作，由于节奏的不同，可以表现出不同的情绪和情感，表达出不同的思想内容。同样是表现悲愤之情的动作，动作节奏的幅度、力度不同，所体现出来的情感的强烈程度不同。同样是翩翩起舞的动作，动作节奏的速度不同，表现出来的人物性格不同——动作节奏舒缓，表现人物性格的文雅与温和；节奏欢快，表现人物性格的开朗活泼。

舞蹈节奏分为内在节奏和外在节奏两种。内在节奏是指人的各种情绪和情感在人的肌体内部所引起的节奏反应。外在节奏是指与舞蹈配合的音乐节奏、画外音的语速，以及场景的变换节奏等。内在节奏一般体现于动作的快慢、幅度的大小、力度的强弱等。外在节奏不仅可以通过音乐节奏的快慢、声音的强弱、场景的变化来表现，而且还可以通过其他演员的配合等手段来表现。

### （四）抒情性

任何一种艺术形式都离不开抒情。抒情是舞蹈艺术的灵魂。阮籍在《乐论》中说："歌以叙志，舞以宣情。"《诗经·周南·关雎·序》说："诗者，志之所之也，在心为志，发言为诗。情动于中而形于言，言之不足，故嗟叹之，嗟叹之不足故咏歌之，咏歌之不足，不知手之舞之，足之蹈之也。""手舞足蹈"是感情自内心喷发而出的一种表现。这也就是说，情感是舞蹈形成的根源、基础、出发点和落脚点。

人类借以抒情的语言主要有两种：一种是口头语言，另一种是体态语言。口头语言是一种听觉语言，体态语言是一种视觉语言。舞蹈是运用体态语言进行抒情的一种艺术形式。说得具体一点就是，舞蹈运用面部表情、手势、形体姿态、肢体动作等具象性的体态语来表达思想，抒发感情。由于各种体态语都是以活生生的形象出现的，因此，舞蹈的抒情不仅生动形象，富于意境，而且审美性和感染力都极强，既能给观众以强烈的视觉享受，又能够把观众带进广阔的想象空间。

（五）综合性

舞蹈艺术是以经过提炼加工的动作为主要表现手段，通过节奏、造型等对动作的艺术处理，塑造出具有直观性和动态性的舞蹈形象，表达人们的思想感情的一种艺术样式。

舞蹈是人体艺术，但又不单是人体艺术。舞蹈不仅与音乐艺术高度融合，而且吸收了很多的艺术元素，综合性的特点十分突出。今天，不仅所有的舞蹈都有舞曲伴奏，而且音乐，特别是歌曲也常常借助舞蹈来创造意境。在歌曲演唱中，我们经常可以看到"歌伴舞"的情形，歌舞相衬，优势互补，创造出一种动静结合极富魅力的美妙意境。

随着声光技术的发展，舞台造景更加容易，舞蹈场景的创造和变化更加丰富多彩，灯光、道具、背景音乐等手段的运用更为丰富多样，舞蹈的艺术魅力得到了进一步的提升。

## 二、舞蹈的分类

作为一个大的艺术门类，舞蹈的种类繁多。依据舞蹈的功用来分，舞蹈可以分为生活舞蹈和艺术舞蹈两大类。

生活舞蹈是指人们在日常生活中出于自娱、健身、社交等需要而选用的舞蹈形式。其特点是动作简单、随意，可以即兴发挥，具有广泛的群众性和普及性。其中包括交际舞、广场舞和现代舞等。

艺术舞蹈是指专业或业余演员在舞台上表演、供观众欣赏的舞蹈。这类舞蹈一般都是根据一定的主题表达需要而创作的，舞蹈动作都经过了精心的设计与美化处理，具有较高的技艺水平、完整的艺术构思、鲜明的主题思想、生动的艺术形象。根据舞蹈的表现形式来分，艺术舞蹈可分为独舞、双人舞、群舞、组舞、歌舞、歌舞剧、舞剧等。

根据舞蹈的不同艺术风格来分，舞蹈可分为古典舞蹈、民间舞蹈、现代舞蹈和芭蕾舞。

看微课

交际舞

## （一）古典舞蹈

古典舞蹈是指在民族和民间舞蹈的基础上，经过艺术工作者提炼、整理、加工改造，并经过长期艺术表演实践获得人们的认可而最终保留下来的，具有典范性和古典艺术风格的舞蹈。

## （二）民间舞蹈

民间舞蹈是由广大人民群众在长期的生活实践中集体创造，不断发展和完善，并在群众中广泛流传的一种舞蹈形式。它直接反映人民群众的思想感情、理想和愿望。由于各个民族、各个地区人民的生活方式、文化心态、风俗习惯互有差异，因而民族舞蹈的种类繁多，风格和特色各异。如我国的民间舞中，不仅有汉族的秧歌舞、花灯舞、龙灯舞、狮子舞等，各少数民族也有自己本民族的民间舞，如蒙古族的安代舞、筷子舞、盅子舞，藏族的锅庄舞、弦子舞，维吾尔族的赛乃姆、多朗舞，朝鲜族的扇子舞、长鼓舞，瑶族的铜鼓舞，傣族的孔雀舞，苗族的芦笙舞，彝族的阿细跳月等。真可谓百花齐放，百舞争辉。

## （三）现代舞蹈

现代舞蹈是19世纪末和20世纪初在欧美兴起的一种舞蹈流派。其特点是摆脱了古典芭蕾过于僵化的动作程式，以合乎自然运动法则的舞蹈动作，自由地抒发人的真实情感，反映现实社会生活。

## （四）芭蕾舞

芭蕾舞是一种欧洲古典舞蹈。芭蕾舞孕育于意大利文艺复兴时期，17世纪后半叶开始在法国流行并逐渐职业化，在不断革新中风靡世界。芭蕾舞最重要的一个特征是女演员表演时以脚尖点地，故又称脚尖舞。其代表作品有《天鹅湖》《仙女》《胡桃夹子》等。

## 三、舞蹈欣赏的要点

舞蹈是展示生命活力、展现人体魅力和表现生活激情的造型艺术，舞蹈之美首先表现为生命之美、运动之美、健康之美，其次表现为造型美和动作美，再次才是技艺美。因此，舞蹈欣赏首先是感受生命活力、体验生活热情，然后是欣赏舞蹈技艺和把握舞蹈主题。

### （一）感受生命活力，体会生活热情

世界上宝贵的东西很多，生命为最，生命之美又以健康为最。人健康的标志，一是富有活力，二是快乐，三是热爱生活。舞蹈艺术通过对生命活力的展示，使人们感受到生命的美好和人生的快乐，借以激发人们的生活热情。因此，欣赏舞蹈艺术，首先是感受生命活力。怎样感受呢？主要是通过舞蹈动作来感受。在各种舞蹈中，演员的跳跃、旋转和屈伸等动作都能够显示出活力。与此同时，各种动作的轻盈、欢快、有力等都能使人感受到健康与活力。

### （二）欣赏舞蹈造型

形体美是人体语言最本真的一面，也是舞蹈艺术最能打动人心的地方之一。面对身材匀称、曲线优美或肌肉强健的演员，谁能不喜欢呢？这是一种自然本能。舞蹈创作者正是利用了人们这一自然的审美心态，精心地设计出各种优美的人体造型，把人体的自然美充分地展示给观众，诱发其喜爱之情，振奋其精神。因此，欣赏舞蹈很重要的一个着眼点就是舞蹈造型。

对舞蹈造型的欣赏，实际上是对人体美的欣赏。它可以使人真切地感受到生命之美、青春之美等，激发人的生活热情，振奋人的精神，唤起人对美好生活的向往和追求。

### （三）鉴赏动作技巧

舞蹈技艺的欣赏主要是舞蹈动作的欣赏。舞蹈是一门艺术，它主要是通过对生活动作的典型化来反映生活，表达一定的主题思想。典型化的一个重要方法是各种动作技巧的运用。在舞蹈表演中，演员时不时地做出诸如跳、翻、转等技术性很强的高难度动作，以更好地表现生命的活力与激情，增加新奇性和观赏性。有了这些高难度的动作在其中烘托气氛、渲染情绪和画龙点睛，观众的情绪很容易被感染，想象力很快被激活，继而获得强烈的美感体验。因此，对舞蹈动作技巧进行鉴赏是舞蹈欣赏的一个重要切入点。

### （四）把握舞蹈主题

舞蹈借助于人体造型诱发人的想象和联想，使观众通过想象与联想将舞蹈艺术造型与现实生活联系起来，从而把握舞蹈所抒发的感情和表达的思想。这其中，最关键的一点是理解和把握舞蹈造型的象征与暗示意义。

那么，怎样才能正确理解和把握舞蹈造型的象征与暗示意义呢？首先要从一系列连贯的舞蹈动作中捕捉到那些表现舞蹈主题的造型。舞蹈造型常常表现为一

系列连贯动作中相对静止的瞬间停顿，或者说短暂的"亮相"。因此，舞蹈欣赏要善于从一系列连贯的动作中捕捉到那些用来表现舞蹈主题的相对静止的瞬间，即舞蹈造型。其次是联系生活，弄清楚舞蹈造型的基本构成。因为舞蹈造型有的是人们生活姿态的典型化，有的是事物美好形态的模仿，两者的表意方式互有差异，所以，只有弄清了舞蹈造型的基本构成，才能透彻理解其表达的意思。再次是根据舞蹈造型的基本构成分析其象征与暗示意义。图5-4-6这一舞蹈造型，两人均作鸟儿飞翔的姿态，暗示了比翼双飞、乐观进取的主题。图5-4-7这一舞蹈造型是模仿孔雀的姿态——因为孔雀被喻为"百鸟之王"，是吉祥、善良、美丽、华贵的象征。所以，这一舞蹈造型象征着美丽与吉祥。

图5-4-6　比翼齐飞

图5-4-7　孔雀舞

## 第五节　戏剧美

　　戏剧是一门综合艺术。它以表演艺术为中心，融合了文学、音乐、舞蹈、美术等多种艺术元素。

　　戏剧艺术与音乐、舞蹈结合起来，成为歌剧、舞剧或歌舞剧。在歌剧或舞剧中，情节的因素比较简单，以便于更充分地发挥歌唱或舞蹈艺术的特长。

　　在整个戏剧艺术中，中国戏曲占有特殊地位。它是把戏剧的内容与歌舞的形式高度结合起来的一种特殊的戏剧艺术种类。

## 一、戏剧的一般特点

戏剧通过演员的表演展示剧中人物的性格、表现环境和故事的发展过程。演员与观众的距离较近，观众可以直接感知和亲身体验剧中反映的生活。正因为戏剧用活生生的真人形象直接打动观众，所以具有很大的艺术感染力，容易为大众所接受。戏剧的一般特点主要表现为以下五点。

### （一）综合性

戏剧是由演员扮演角色，运用多种艺术手段，在舞台上当众表演故事的一种综合艺术。它既综合了文学、舞蹈、音乐、美术等多种艺术元素，又借助于各种艺术的和非艺术的手段，如灯光、道具、服装、布景等来美化戏剧场景，制造舞台气氛和增强戏剧效果等。

### （二）表演性

戏剧以演员的表演为主要表现手段，在特定的空间和时间内，通过演员的对话、歌唱或动作等叙述故事或制造戏剧气氛。

### （三）矛盾冲突

戏剧的本质特征在于直接、集中地反映社会生活中的矛盾冲突。矛盾冲突既是情节发展的主要线索，也是刻画人物性格的主要手段。没有冲突，就没有戏剧。例如，中国传统剧目《窦娥冤》就是通过正直善良而性格坚强的窦娥与恶棍、昏官之间的一系列矛盾冲突来展开戏剧情节，塑造窦娥这一人物形象的。

### （四）虚拟性

戏剧要在有限的舞台空间内表现生活场景，不可能照搬或按照原型复制现实生活中的景象，只能采用象征或虚拟的手法来表现。这一点在中国传统戏曲艺术中表现得更加突出。例如，演员拿着桨表示走水路，通过演员虚拟上船和划船的动作，观众便能感觉到剧中人物在划船。

### （五）动作性与对话性

戏剧艺术虽然也要利用其他各种艺术的表现手段和表现方式，但还是以自己特殊的表现方式为主。例如，动作和对话在话剧艺术中居于支配的地位，而其他艺术媒介如绘画所用的色彩、线条等都从属于前者，为行动中的、有思想的、特定的人物性格和冲突的再现服务。

## 二、戏剧的分类

戏剧的种类繁多,可以从不同的角度、依据不同的标准进行分类。常见的分类方法主要有以下四种。

1. 从戏剧冲突的性质和其产生的戏剧美学效果来划分,可以分为悲剧、喜剧、正剧和闹剧。

(1)悲剧所表现的主要是人们的各种不幸,反映到作品中,通常表现为正面人物的失败或死亡。由社会原因造成的这一结局,称之为社会悲剧;由自身性格原因造成的这一结局,称之为性格悲剧。

(2)喜剧的特点是善于在描述对象的本质和现象、内容和形式的矛盾中捕捉笑料。笑是喜剧应有的戏剧效果,它让人们在笑声中否定生活中恶的、腐朽的、荒谬的、落后的事物,肯定美好的、合理的、先进的事物,在笑声中获得教育。喜剧分为讽刺性喜剧和歌颂性喜剧两类。

(3)正剧是最接近于社会现实、最普遍、最主要的一种戏剧样式。它的内容有悲有喜,悲喜结合,一般是反映严肃的社会生活题材。正剧的戏剧冲突是反映社会生活中正面力量与反面力量或落后势力之间自觉的斗争和冲突,冲突的结果总是以正面力量的胜利或预示着胜利而告终。

(4)闹剧也是喜剧的一种,特点是专门运用比一般喜剧更为夸张的手法,追求所谓"滑稽"的艺术效果。

2. 从戏剧作品艺术表现形式来分,戏剧可以分为歌剧、舞剧、话剧和戏曲等。

歌剧、舞剧和话剧都是"洋为中用"的东西,表现形式较为单调。歌剧以歌唱为主,说白和舞蹈很少;舞剧以音乐作为衬托,靠舞蹈动作表现主题,没有歌曲和说白;话剧以说为主,偶有歌舞,也只是穿插。具有民族特色的戏曲是我国传统的戏剧形式,它将唱、念、做、打等各种艺术手法并用,实现了歌、舞、剧几个方面的完美统一,具有极强的艺术感染力。

3. 从剧本的容量和场景设计来分,可分为多幕剧和独幕剧。

4. 按照题材的不同,分为历史剧、现代剧、儿童剧、童话剧等。

## 三、中国戏曲艺术的特点

中国戏曲艺术既具有人类戏剧的共同特点,又因不同的表现手段而区别于话剧等其他戏剧种类,具有自己的特点。

## （一）讲究唱、念、做、打

唱、念、做、打是中国戏曲的突出特点。唱功中，行腔转调，发音吐字，都有一定规矩和要求；做功有手、眼、身、法、步，都要经过专门的严格训练；念白分为韵白和口白，都要具有音乐性；武打要干净利落，稳妥准确，轻捷灵便。

## （二）表演程式化

表现手段的程式，也是戏曲艺术的重要特点。特别是在古典戏曲中，上下场，唱、念、做、打和音乐伴奏，以及服装、化妆（见图5-5-1）、布景、道具等，都有一定规矩，这就叫作"程式"，如武打有许多固定的套子、对白有程式、唱腔有板式等。在演一出戏时，如何运用手势、如何运用眼神（见图5-5-2）、身体如何动作、头发如何甩动、步子怎样走，都是有讲究的。连怎样表现人物的喜、怒、忧、思、

图5-5-1　化妆

悲、恐、惊等感情，也全都提炼美化成一套完整程式。程式是戏曲区别于话剧等其他戏剧艺术的主要特点。在现代戏曲中，有些程式已被打破。

## （三）表演和表现的虚拟性

从表演的角度看，在戏曲舞台上，采取上下场的分场方法，可以自由地处理舞台的空间和时间。舞台上的地点和时间随演员的表演而变动，演员离开舞台，地点和时间就不存在了。如越剧《十八相送》中梁山伯送祝英台，从书亭到长亭，走了十八里，一路上穿村庄、过小桥、傍井台、进庙堂，片刻之间场景数变。

从表现的角度看，戏曲舞台上的很多景物和人物动作都是虚拟的，如以鞭代马、持桨当舟等虚拟动作，可以使人联想到骑马、行舟等。与此同时，伴随着人物的虚拟动作，观赏

图5-5-2　身法和眼神

者的大脑中会因联想而产生出高山、平地、江河、湖海、厅堂、卧室等场景，瞬息之间，厅堂、卧室又可转化为长街、小巷等。

### （四）音乐性

相对于话剧而言，戏曲艺术富于音乐性。戏曲表演要运用唱、念、做、打诸种艺术手段，每一种手段都与音乐有不可分割的关系。唱，本来就是一种音乐的表演手段。念白虽不是歌唱，却要有音乐性，要求它在声调上有抑扬、有顿挫，节奏上能与歌唱相协调。至于做功、武打，这都属于形体动作，但戏曲舞台上的形体动作又不是生活动作的直接模仿，而是具有舞蹈性的表演，它是强烈的、夸张的、富于节奏感的。因此这种形体动作与音乐紧密地结合在一起，融于音乐的节奏之中。传统戏曲表演要求演员熟悉锣鼓经，亦即各种锣鼓点子的组合形式，身段动作要与锣鼓经合拍；熟练的演员离开锣鼓的配合就觉得无法动作、情绪无从发挥，也就是这个道理。

## 四、戏剧欣赏的要点

由于不同的艺术形式构成要素、表现手段等各不相同，欣赏的要点不同，人们从中获得的启示、借鉴和审美体验也各不相同。戏剧艺术以尖锐的矛盾冲突、引人入胜的情节和丰富的人物语言见长，因此，欣赏时应从以下几个方面入手。

### （一）分析戏剧冲突

戏剧冲突是戏剧艺术表现人物性格和人物关系的主要手段和途径。每一个主要角色的性格特点、角色与角色间的相互关系都会在戏剧冲突中充分而清晰地表现出来。分析戏剧冲突，可以极准确地把握人物的性格、弄清剧中人物相互间的关系，从而准确把握戏剧作品的主题。

以曹禺先生的《雷雨》为例。该剧的第一幕是情节的开端。一开始剧中的主要人物依次登场：大少爷周萍为摆脱继母繁漪的纠缠要离家出走，可心里又惦记着侍女四凤；繁漪为留住周萍，让侍萍来家带走四凤；四凤恐惧不安，鲁贵自以为能保护女儿；周朴园在家中厉行封建家长的规矩，使繁漪等人产生心理抗拒而更加肆意妄为。第一幕中周鲁两家人之间潜藏几十年的矛盾就初露锋芒。第二、第三幕，情节极速发展，周朴园与侍萍、鲁大海的矛盾，繁漪与周萍的矛盾，鲁大海与周萍的矛盾等都已经无法调和。第四幕，以周朴园揭秘剧中人物身世为引线，燃爆了整个剧情，导致了一场彻底的大悲剧、大覆灭。全剧紧凑、激烈的戏剧冲突，使得剧情发展犹如疾风暴雨，一泻而下。

（二）分析戏剧情节

戏剧的情节安排，常常是偶然性与必然性的结合。好的戏剧情节曲折、生动，构思巧妙，出乎人的意料，又合乎事物的情理。如《雷雨》，侍萍遭受周朴园的遗弃后远走他乡，本想永远忘掉这段伤心的记忆，不料三十年后，自己的女儿四凤竟又来到同一个周家，和自己有了相同的遭遇，而玩弄四凤的竟是四凤一母所生的哥哥。分析戏剧情节，不仅可以弄清楚故事的来龙去脉，而且可以理顺作品的思想线索，从而实现对作品正确、深透的理解。

戏剧艺术要在两三个小时内，记述一个完整的故事、塑造生动感人的戏剧人物、反映丰富的社会生活，就要求剧作家必须会讲故事。这个故事首先要好看、能吸引人。那么，怎样在很短的时间内，成功讲述一个精彩的、吸引人的故事呢？剧作家常常在生活中的"必然性"与"偶然性"上做文章。由生活中的必然性事件，来反映一般的生活现象与事理，由偶然性事件来突出戏剧冲突，深入揭示人物性格和剧作主题。两者的有机结合，就是我们所谓的"巧合"。"巧合"情节的设计，往往是构成戏剧"观赏性"的重要因素。

我们仍以《雷雨》为例来说明。

剧中，周鲁两家人的恩怨跨越三十年。三十年后，周朴园与梅侍萍如何再次见面，无疑是全剧剧情发展的基础和关键。剧中为此安排了多重的"巧合"。这些"巧合"既出意料之外，又在情理之中。围绕剧情主线的"巧合"是：三十年后，侍萍的丈夫鲁贵与女儿四凤服侍的主人，恰是三十年前狠心抛弃侍萍的周朴园；侍萍与周朴园的儿子周萍，正热恋着的对象不是别人，恰是四凤；周萍又因与继母繁漪存在暧昧关系，急于离家出走；侍萍与鲁贵的儿子鲁大海，恰又在周朴园的矿上做工，并在侍萍来到周公馆的这一天，正等在门房代表矿上工人要与周朴园谈判；周朴园与繁漪的儿子周冲还暗恋四凤。全剧的"巧合"，尚不止这些构成剧情的大情节，更有具体场景中细微地方的许多"巧合"，更加突出了情节方面独具匠心的构思。

（三）分析戏剧场景

一部戏剧作品要在两三个小时之内和几个有限的场景里面表现剧中人物几年、几十年的人生遭遇或命运，其关键在于场景的设置与选择。场景设置与选择得好，承载量就大，包含的内容就多，思想表现力就强。分析戏剧的场景设置，借鉴其截取生活横断面、浓缩人物与矛盾冲突的方法，可以培养我们选材和剪材的能力。

通常戏剧借助剧中人物的上场、下场，来表现时间、空间的转换和情节的推进。但是仅仅凭借简单的上场、下场动作，难以展现更多的意义内涵，且人物的上下场，也不能过于频繁。因此，需要配合高度集中化的舞台场景设置，来丰富情节的表现力。场景设置要含有丰富的潜台词，能高度浓缩人物命运、展现戏剧冲突，体现剧作主题。例如，《茶馆》一剧，大场景只有一个，就是裕泰茶馆的内厅。具体场景突出了三个时代的茶馆内部环境。下面我们来欣赏该剧第三幕的场景设置。

**《茶馆》第三幕场景**

裕泰茶馆的内厅布局不像前幕那么体面了。藤椅已不见，代以小凳与条凳。自房屋至家具，都显得暗淡无光。假若有什么突出惹眼的东西，那就是"莫谈国事"的纸条更多，字也更大了。在这些条子旁边还贴着"茶钱先付"的新纸条。

凳子、纸条等细节显示出抗战胜利后，国民党统治时期茶馆生意的日益凋敝，以及人们生存的艰难。"莫谈国事"的旧纸条依旧，"茶钱先付"的新纸条的显眼，具有丰富的潜台词，十分耐人寻味。

**（四）品味戏剧台词**

戏剧的根本特点是通过剧中人物的语言来塑造艺术形象，揭示人物的性格，表现矛盾的冲突，展现作品的思想和主题。其语言个性化十分突出，表现力极强，多读、多分析戏剧台词，是提高我们语言运用能力的一个十分重要而有效的途径。

人物台词在戏剧中有三种具体形式，包括人物对白、独白和旁白。歌剧中的歌词和中国传统戏曲中的唱词，是台词的另一种表现形式。

对白，是剧本中角色之间相互的对话，是戏剧台词的主要形式。

独白，是角色在舞台上独自说出的台词，是把人物的内心感情和思想，直接倾诉给观众的一种艺术手段。往往用于人物内心活动最剧烈、最复杂的场面。

旁白，是角色在舞台上直接说给观众听的，而假设不为同台其他人物听见的台词。内容主要是对对方的评价和本人内心活动的披露。

戏剧艺术中的台词欣赏，需把握住两个关键点：一是欣赏人物台词的个性化表达。人物台词是塑造戏剧人物最有力的手段。优秀的剧作中，人物各自说着自己的话，不会出现千人一面、千部一腔的人物台词。观众透过戏剧人物的寥寥数语，就可知晓人物的身份、地位，了解人物的思想、个性等隐含的信息。特别是在特定戏剧场景中，个性化的人物台词对塑造立体、鲜明的戏剧形象起到至关重要的作用。

戏剧台词欣赏的第二个关键点是，欣赏人物台词的动作性表达。人物台词的动作性，是指台词语言不仅仅是人物在说着自己的话，还要通过人物个性化的台词，传达人物内心的情感起伏、变化等心理活动。台词语言配合人物外在的神态动作，更深层地表达矛盾冲突。

## 第六节 影视美

影视艺术是所有艺术门类中最年轻、最具活力的一门艺术，它运用现代科技手段将各种艺术元素有机地组织起来，表现更为丰富的生活内容，具有更加强大的思想影响力和情绪感染力。今天，影视艺术已经成为人们日常生活的精神快餐，是人们平时接触最多的一种艺术形式。

### 一、影视艺术的特点

影视艺术融合了文学、音乐、美术、表演等多种艺术元素，以现代科技手段为表现的技术支撑，具有极其丰富的表现力和强大的艺术感染力，其内容又与人们的生活距离最近，因此，深受人们所喜爱。概括地讲，影视艺术的特点如下。

#### （一）综合性

影视艺术是利用现代高科技手段将多种传统艺术元素进行有效整合而形成的一种新的综合性的艺术形式，其中不仅包含着文学、戏剧、音乐、舞蹈、建筑等多种传统艺术元素，而且又集纳了摄影、化妆、服饰、置景、空间设计等各种实用艺术元素，是视听综合、时空综合和媒介综合的产物。例如，观看电视连续剧《西游记》"趣经女儿国"一集，既可以欣赏其中的服装艺术、音乐艺术、表演艺术，还可以欣赏其置景、摄影和语言艺术等。只要认真观赏，可以从中获得多方面的艺术享受。

从表现手段来看，影视艺术综合运用了声、光、电、化学等各种科技手段来丰富自己的表现力。例如，利用化学技术制作烟火效果表现战争场面。从一定意

看微课

影视艺术的综合性

义上讲，科学技术的快速发展，直接推动了影视艺术的发展。今天影视剧中的快镜头、慢镜头、特技、超动感设计等，比真实的生活现象更具视觉魅力。这些都要仰仗现代科技的支撑。例如，在《西游记》"趣经女儿国"一集中，当女儿国国王要委身于唐僧时，通过用光手段营造了一个十分温馨的情境，用以烘托感情气氛。

从内容方面看，影视艺术的笔触可以伸向无穷的空间，并且具有无与伦比的题材统摄能力。杂技、体育、武术、魔术、军事、刑侦、科幻、心理等各种题材都可以在影视作品中得到真实、生动细腻的表现。

（二）视听性

影视艺术是一种以视觉形象和听觉声响为主要表现手段的视听综合艺术。相对于文学、音乐这两种具有时间性、想象性的艺术而言，影视艺术主要是空间性、具象性的视觉艺术，影视作品的一切思想内涵都是通过视觉影像表现出来的。在视觉影像的基础上，音乐的使用可以进一步加强影视作品的感染力。例如，在《西游记》"趣经女儿国"一集中，唐僧在女儿国国王的柔情之下心有所动。就在两人即将沐浴爱河之际，唐僧被蝎子精劫走，一段美好姻缘就此中断。但从此，国王心有所属，唐僧心有所恋。因此，当离开女儿国时，两人难分难舍。在这样的情境下，"相见难，别亦难"的歌曲响起，一下子将感情气氛渲染到极致。

影视艺术的视觉美，不仅来自于自然与生活本来就具有的审美因素，而且还在于利用光线、色彩、影像等对自然美的提炼、凸显与升华。另一方面，因为人的感官一生所接收的外界信息总量80%以上来自视听觉，并且人的审美体验活动主要依靠视听觉。因此，影视艺术就自然而然地成为人们最喜爱的一种艺术形式。

（三）故事性

影视艺术对生活的反映主要是通过"讲故事"来实现的，一部影视剧的内容质量主要是由故事来决定的。具体地讲，一部影视剧能不能感动人，能不能激励人，能不能启发人等，都取决于故事的内容。因此，不论是影视编剧，还是影视的表演和拍摄制作，都要想办法把故事"讲好"。

因为影视作品讲述故事是通过镜头来进行的，不能像文学作品那样细致入微和尽情铺排，因此，影视作品中的故事一般矛盾冲突比较集中和突出，悬念的释解相对较快。与此同时，"节外生枝"的穿插方法运用比较普遍。例如，《西游记》"趣经女儿国"一集中，当唐僧被女儿国国王的柔情所打动，两人将共浴爱河之际，蝎子精的出现使故事情节的发展瞬间发生变化。

（四）直观性

影视艺术具有一定的戏剧性，但其与戏剧有很大的不同。戏剧演绎故事是在舞台上进行的，受舞台空间的限制，绝大部分场景都是模拟性的。影视艺术对生活进行反映所采用的摄影技术，包括影像设备的可移动性，决定了影视艺术完全可以通过实景来表现自然和反映生活。因此，在所有的艺术形象中，影视艺术形象最具直观性，最易为人们所感知和理解。

真实地反映生活，是一切艺术都必须坚持的原则。在众多的艺术形式中，影视是最能客观地反映自然和生活本来面目的一种。影视艺术的基本表现形态，是由活动的、绘声绘色的画面组接而成的影像。和其他艺术相比，影像更接近于社会生活的原本状态，因此，影视艺术更能直观地反映生活。

（五）大众性

因为影视艺术以人物、场景、台词和音乐等为主要构成元素，通过一定的故事表现思想，这些元素都为人们所熟悉，因此，影视艺术是一种大众化的艺术。一般好的影视作品，对于其目标观众而言，不仅人人看得懂，而且看了都会有收获。例如电视连续剧《西游记》，不论是哪个层次的观众看，都能从中看到精彩，从而获得审美享受。

### 影视文学剧本的特点

影视文学剧本是拍摄影视剧的依据和蓝本，而不是让读者直接像读小说那样拿来阅读的。影视文学剧本有以下几个特点。

1.镜头性。影视首先是一种视觉艺术。影视文学剧本创作的根本任务就是描述出具体、生动的视觉形象，也就是为摄影机拍摄镜头提供有关画面内容的文字描述和说明。因此，影视文学剧本作者必须具有强烈的镜头意识或画面意识，在写作过程中要时时考虑所写的文字能否转化为一个个镜头或画面。

2.描绘性。正因为影视艺术是由一个个活动的镜头连缀而成的视觉艺术，所以，在影视剧本的创作中就要把各种各样的不适合于拍摄镜头的非视觉性内容化为视觉内容，最主要的就是要把看不见的人物内心活动化为可见的视觉形象。例如，当表现剧中人物思念亲人的心理活动时，采用镜头切换的方法，表现出回忆性的人物以往生活的画面。

影视文学剧本还需要注意把其他的抽象的东西化为具体可见的形象。如一年四季、白昼黑夜等时序季节的转换，不能用"光阴似箭"之类的词语来概括，必须通过详尽细致的描绘化为具体的视觉形象——春天可用百花盛开表现，夏天可用蝉鸣枝头表现，秋天可用层林尽染表现，冬天可用万里雪飘来表现，等等。

3. 画面性。虽然小说、戏剧、影视剧都要讲述故事，都属于叙事艺术，但是它们的表现方式大不一样，小说靠文字语言，戏剧靠人物对话，影视则运用具有视觉造型性的画面，即影视里叙述和回忆某件事、某个情景，必须用具体的画面来表现。

总之，在影视文学剧本中，看不见的东西一定要转化为视觉性的画面，以利于镜头的拍摄。

## 二、影视艺术的基本表现手段

影视艺术既是一门综合艺术，也是一种大众艺术。它以人们易于感知和理解的画面作为主要表现形式，以意义明确的文学语言作为思想载体，以音乐增强感染力，以故事情节和矛盾冲突引人入胜，采用蒙太奇手法将一个个镜头组合在一起，从而达到表现思想的目的。影视艺术的基本表现手段主要有以下几个。

### （一）场景与镜头

影视场景是指通过镜头反映出来的场面和景象。场景一般由人物活动和环境背景等元素构成。人物既是演绎故事的主体，也是思想、精神和道德的载体；背景不仅衬托和凸显人物形象，而且在一定程度上能够表现人物的性格。影视剧中的场景一般分为远景、全景、中景、近景和特写五种。

1. 远景

远景是指表现远距离景物和人物的一种画面，分为远景和大远景两种。远景画面可使观众看到广阔的空间和深远的景象，一般用于交代人物活动的大背景和表现宏大的场面。例如，表现田野、山村等大的环境背景，表现火车从远处开来的场景等。

大远景比远景视野更大，视距更远，适于展现更加辽阔深远的背景和浩渺苍茫的自然景色。例如，王之涣《登鹳雀楼》中"白日依山尽，黄河入海流"两句诗所描绘的景象用镜头表现出来就是大远景。这类镜头或者没有人物，或者人物只占很小的位置，犹如中国的山水画，着重描绘环境的全貌，给人以辽阔深远的视觉印象。大远景在影视片中主要用来显示人物活动或故事发生的大环境，烘托

看微课

场景与镜头

和渲染气氛。

远景镜头视野较宽，经常用来表现事件发生的时间和环境。比如表现壮阔的自然风景、群众场面、战争场面等。远景画面重在渲染气氛，而不注重人物的细微动作。远景中的人物有时还做点状处理，所以远景不能用于直接刻画人物，但可以用来表现人物的情绪，因为影视画面是通过画面组接表情达意的，通过承上启下的组接可以含蓄地表达人物的内心情绪。

2.全景

全景是指将被摄主要对象全部纳入画面，并且让其占满画面主体部分的场景，如图5-6-1这个画面。全景画面与远景相比，有明确的内容中心和画面主体，处于画面主体部分的被摄对象给人以完整、清晰的视觉印象。

图5-6-1 《西游记》剧照

由于全景是将被摄对象全部纳入画面，因此既能够清楚地表现人与人、人与物之间的关系，又能够表现人物完整的形象和整体行为动作，可以比较清晰地塑造人物形象。与此同时，可以通过特定环境和特定场景表现特定人物。

3.中景

中景是指将被摄对象的主体部分纳入画面的景象类型。表现人体膝部以上或场景局部的画面一般都是中景。较全景而言，中景画面中人物的整体形象和所处环境居于次要地位，人物的动作成为主要表现对象。中景能够使观众看到人物膝部以上的形体动作和情绪反应，有利于交代人与人、人与物之间的关系。如图5-6-2所示。

4.近景

近景是表现人体胸部以上或物体局部的画面，是一种近距离观察人物与物体的景别。这种画面能使观众看清人物的面部表情或局部形体动作，有时也摄取景物的某一部分。近景的视距比特写稍远，有些摄取人物腰部以上的镜头，人物上半身活动和面部表情占据画面显著地位，成为主要表现对象。如图5-6-3所示。

图5-6-2　戏剧《红楼梦》剧照　　　　图5-6-3　电视剧《红楼梦》剧照

在影视片中，为了强调人物表情和重要动作，常运用近景。近景和特写的作用有相似之处，即视距近、视觉效果鲜明且强烈，可对人物的容貌、神态、衣着、仪表等作细致的刻画。

5.特写

特写是影视中拍摄人的面部、人体的局部、一件物品或物品的一个细部的镜头，即视距最近的镜头。特写镜头由于视距短近，取景范围小，画面内容单一、集中、突出，能把所表现的对象从周围环境中凸显出来、放大，因此可以造成强烈和清晰的视觉形象，得到强调的效果。如图5-6-4所示。

影视剧中的特写，是突出和强调细节的重要手段，它既可通过眼睛的顾盼、眉梢的颤动以及各种细微的动作和情绪的变化，揭示人物的心灵，也可把原来不易看清或容易忽视的细小东西加以突出，赋予生命，或借此刻画人物、烘托气氛等。

影视剧中的镜头是指从开机到关机所拍摄下来的一段连续的画面，或两个剪接点之间的片段。镜头根据拍摄角度分为仰摄、俯摄、

图5-6-4　特写镜头

倒摄、摇摄、推拉镜头等。

根据拍摄距离划分，镜头可分为大远景镜头、远景镜头、全景镜头、中景镜头、近景镜头、特写镜头和大特写镜头。每一种镜头的作用和表现效果与相对应的场景是一致的。

（二）台词与音乐

台词是指影视剧中各种角色所说的话。台词既是用以展开剧情、刻画人物、表现主题的重要手段，也是影视剧本构成的基本要素。

影视剧的台词具有四个特点。第一，具有动作驱动性，即在有限的表演时间内迅速推开人物的活动，并使之发生尖锐的冲突，以揭示人物的思想、性格、感情。第二，影视台词是性格化的，即根据不同人物的出身、年龄、职业、教养、经历、社会地位以及所处时代等条件，突出人物的语言特征。第三，影视台词比较精练、含蓄，力求用最简洁、最浓缩的词句来表达丰富的内容与深远的意境。第四，影视台词是口语化的，浅显易懂，富于生活气息，并且亲切自然。

影视音乐不是单一的音乐，而是与影视艺术的视觉影像相联系的特殊的音乐集合体。影视音乐主要由主题音乐、背景音乐、叙事性音乐、情绪音乐、节奏气氛音乐以及时空过渡的连续音乐等几个部分构成。影视音乐的片段性、不连续性和非独立性是它区别于其他音乐的重要标志。

影视作品中的音乐，一部分是参与故事情节的有声源音乐，在画面中可以找到发声体，或与故事的叙述内容相吻合；另一部分是非参与故事情节的无声源音乐，主要起渲染情绪、突出主题、刻画人物的作用。

在影视作品中，影视音乐不是自成系统、独立存在的，而是作为一个组成元素，为影片主题、人物、情节的塑造和发展服务的。因此，影视音乐不能以强烈的音响去与画面争夺观众，而应以不引人注意却强有力的方式支持画面，正如美国电影理论家林格伦所说的"最好的电影音乐是听不见的"。

（三）情节与矛盾冲突

情节和矛盾冲突是影视作品感人的两个关键因素。情节由一系列能够显示人物与人物之间关系的具体事件构成，它把事件的内在联系展现在观众面前，一般包括开端、发展、高潮、结局四个部分。

矛盾冲突，也叫戏剧冲突，既是构成戏剧情境的基础，也是展现人物性格、反映生活本质、揭示作品主题的重要手段。矛盾冲突在作品中的表现方式主要有三种。一是表现为某一人物与其他人物之间的冲突，即外部冲突。二是表现为

看微课

情节与矛盾冲突

人物自身的内心冲突，即内部冲突。外部冲突与内部冲突这两种方式，有时各自单独展开，有时则交错在一起，相互作用，互为因果。三是表现为人同自然环境或社会环境之间的冲突。任何一部好的影视作品，其中必定包含着强烈的矛盾冲突，矛盾越尖锐，冲突越激烈，越能吸引人。

（四）蒙太奇

蒙太奇手法是指影视镜头的剪辑和组合方法。一部影视剧的制作过程一般是这样的：先将全部要拍摄的内容分切为一个个相对独立又相互依存的镜头，一个镜头一个镜头地单独拍摄，拍摄好之后，再根据故事情节等把它们组合成完整的影视片。这种分切与组合方法被称为"蒙太奇手法"。

蒙太奇手法的运用实际上是利用人们的生活经验、想象与联想在进行创作。当不同时间、不同空间的画面组合在一起的时候，人们凭借生活经验，通过想象与联想的补充，将其在大脑中再创造成一个完整的故事，从而理解其内容，把握其要表现的思想。

蒙太奇手法在影视创作中具有以下三个作用。

一是创造音画一体的具体视觉形象。一个个镜头就是一个个伴随着声音的画面单元，将这些画面单元依靠蒙太奇手法组接起来就构成了生动的视觉形象。

二是高度简练的叙述。蒙太奇结构可以省略掉许多对过程、细节的交代，而创造出独特的影视时空感。比如叙述一个人从西安到银川的过程，只需拍三个镜头就够了：一个镜头是人走进西安机场的"出发"大厅，第二个镜头是飞机起飞，第三个镜头是人走出银川机场的"国内到达"大厅。观众一看就明白是从西安到了银川，并且是坐飞机来的。

三是不同的镜头组接可以产生不同的含义。比如说，有四个镜头：一是一辆农用车拉着一车大白菜；二是人潮涌动的农贸市场；三是一辆装满大白菜的农用车旁，一个夹着皮包的人和菜农谈价钱；四是贴着"新鲜大白菜"广告的蔬菜超市。将这四个镜头按照"一、二、三、四"的顺序组接起来和将其按照"二、三、一、四"的顺序组接起来，所表达的意思是不同的。

### 三、影视欣赏的要点

影视集多种艺术元素于一身，并以科学技术为坚强后盾，是最具广泛群众基础的大众化的艺术形式。影视艺术欣赏，不仅能够使人获得充分的审美享受，而且可以使人受到道德教育、精神鼓舞和思想启迪等。与此同时，影视欣赏还可以开阔人的视野、发展人的想象力、丰富人的情感、提高人的审美能力和思想分析能力。那么，怎样欣赏影视剧才能获得比较大的收获呢？一般来讲，欣赏影视剧主要从欣赏故事、分析人物形象、把握思想内容和鉴赏表现手法四个方面入手，这是基本的欣赏。如果能够将写作影视评论和观赏结合起来，欣赏活动就会进入理性的状态，从影视剧中得到的收获会更大。下面，我们结合《摔跤吧！爸爸》这部电影的欣赏来谈一下影视欣赏的基本要点。

（一）欣赏故事

影视是用镜头讲故事的艺术。一部影视剧只有把故事讲得条理清楚，讲得生动和感人，讲得扣人心弦，使观众喜欢看，才可能对观众产生良好的思想教育效果和积极的审美影响。因此，欣赏故事是观看影视剧最基本的一个着眼点。

怎样欣赏故事呢？首先，弄清楚故事发生的背景、发展过程、高潮与矛盾冲突和结局等；其次，弄清楚故事所反映的社会问题或提出的人生问题，并考量其普遍性和典型性；再次是考量故事在丰富人的思想、完善人的道德、激励人的精神和美化人的情感等方面能够发挥的积极作用；最后是看故事是否感动人、是否激励人、是否鼓舞人，以及是否教育人等，同时看故事是否吸引人和扣人心弦等。把握住了这几个要点，不仅能够把故事看得清楚明白，而且能够从中获得各方面的收益。请阅读下面这篇影视评论，对照相关电影感悟欣赏故事的要点。

## 引人入胜，扣人心弦
### ——《摔跤吧！爸爸》故事编排的三大亮点

电影是用镜头讲故事的视听艺术。一部电影是否精彩，能不能引人入胜，主要取决于故事讲得好不好。《摔跤吧！爸爸》这部电影之所以引人入胜，扣人心弦，主要在于其故事编排别具匠心。这部电影在故事编排上有以下三大亮点。

一、大容量的结构形式。《摔跤吧！爸爸》这部电影采用了树状的故事结构形式——这种结构形式不仅主干清晰，能够把主体故事叙述得十分清楚，而且分枝生叉后节点多，能够把大量的相关故事自然、有机地组合起来。采用这样的结构，可以大大丰富故事的内容，增加故事的看点，从而使故事具有引人入胜的魅力。就这部影片的故事编排来看，编剧以主人公马哈维亚立志报国的基本故事为主干，以其在实现报国理想过程中发生的众多相关故事为分支，构成了一个树状的故事集合体。这个故事集合体不仅内容十分丰富，故事间主次分明，关系清楚，而且所统摄的故事大多矛盾冲突激烈。这样的编排不仅能使观众看得明白，而且能够引人入胜。

二、节外生枝的悬念设置。《摔跤吧！爸爸》这部电影不论是对基本故事的讲述，还是对相关故事的叙述，都善于借助悬念的设置来加强紧张的气氛，让观众的心紧紧被抓住，使观众急切地想看下去。除了一般性的悬念设置外，这部电影在情节安排上一个比较大的亮点是，在多个地方采用了节外生枝的悬念制造手法。这一手法的使用，大大增强了影片扣人心弦的力量。例如，在英联邦运动会前夕，马哈维亚正满怀信心地对两个女儿进行赛前指导，不料被人告了黑状，主管部门要取消吉塔和巴比塔的参赛资格；在吉塔要进行冠军的最后角逐时，前往赛场为女儿提供精神支撑和战术指导的马哈维亚突然被人设计关进小屋。这两个节外生枝的悬念设置，不仅把主人公的心悬了起来，而且把观众的心吊了起来。

三、峰回路转的情节安排。《摔跤吧！爸爸》这部电影在故事编排上的第三个亮点是峰回路转的情节设计和安排。这样的安排不仅使故事显得曲折生动，而且能够使观众的情绪随着故事的发展产生波澜起伏的变化，让观众看了后情感和精神上有一种慰藉感。例如，当吉塔和巴比塔对父亲的做法强烈不满，采用各种办法对抗，马哈维亚的报国理想面临破灭时，年仅14岁就被嫁为人妇的同窗好友发自内心的一席话使吉塔和巴比塔猛然惊醒，她们理解了父亲的良苦用心，坚定了练习摔跤的信念，使父亲金牌报国的希望之火重新被点燃；在吉塔角逐冠军的最后一局比赛中，时间仅剩几秒，而吉塔与对手的得分又相差了4分，败局似乎无法挽回，很多人已表现出失望的神情，然而，让人们没有想到的是，吉塔在仅剩的几秒钟时间内变不可能为可能，以一个高难度的背摔动作取得了5分，赢了整场比赛，为自己的国家拿了金牌。

总的来看，《摔跤吧！爸爸》这部电影之所以引人入胜，扣人心弦，一个十分重要的原因是故事编排得好。具体地讲就是，主体故事的结构统摄力强，悬念迭起，情节发展处处出人意料。（本文作者　黄高才）

（二）分析人物形象

从大的层面看，人是社会生活的主宰；从小的方面看，人是构成故事的第一元素。影视剧不论是反映社会生活，还是探讨人生，都必须通过塑造人物形象来完成。换句话说，塑造人物形象是否成功既直接决定着影视剧思想表现的成败，也决定着影视剧艺术性的强弱。因此，分析人物形象也是欣赏影视剧的一个基本着眼点。

在影视欣赏活动中，怎样正确分析人物形象呢？一是弄清楚剧中主要人物的身份、兴趣和志向等；二是理清剧中的人物关系，弄清楚每个人物的角色类型；三是通过人物的语言、行动和表情等，把握主要人物的性格特点；四是看清楚每个主要人物身上所表现出来的道德和精神；五是分析影视剧在塑造人物形象方面的成功之处。请阅读下面这篇影视评论，结合《摔跤吧！爸爸》这部电影的观看，对人物形象分析的要点做一个透彻的理解。

### 性格鲜明　血肉丰满
——浅析《摔跤吧！爸爸》的人物塑造

人物既是构成故事的第一要素，也是思想、道德和精神的载体，因此，通过用镜头讲故事来反映社会、探讨人生的影视剧都十分重视人物形象的塑造。客观地讲，人物形象是否鲜明、性格是否突出，直接影响着剧作的主题表现。就《摔跤吧！爸爸》这部电影来看，其人物形象塑造十分成功，具体表现为群像塑造形象鲜明，主要角色个性突出，陪衬人物各具特点，人物间的关系十分清楚。从人物塑造的手法来看，这部电影至少有以下四点值得肯定。

一是通过典型事件塑造形象。《摔跤吧！爸爸》这部电影在人物形象塑造方面采用的基本手法是通过典型事件来塑造形象，其中包括人物身份的揭示、经历的引出、志趣的交代和性格的显示等。例如，电影开篇首先通过主人公马哈维亚为了看摔跤比赛的电视直播让侄子待在房顶上扶着天线这件事对人物的志趣进行交代，接着通过主人公在办公室和新来的同事摔跤这件事来揭示人物身份、引出人物经历；在女儿出生前，马哈维亚下班后经常到摔跤场看孩子们摔跤，并且给摔得好的孩子发钱奖励，借以显示人物的基本性格和对摔跤事业的钟爱。因为这些典型事件的内容相关、思想指向明确，所以使人物形象在开篇后的十几分钟的时间内十分清晰地立了起来。

二是借助矛盾冲突刻画性格。在刻画人物性格方面，《摔跤吧！爸爸》这部电影主要是借助于矛盾冲突来进行的。这样做的好处是能够使人物性格比较清晰地显露出来。例如，在带女儿去公共摔跤场训练遭到拒绝后，马哈维亚毫不气馁，在自家稻田里为女儿修了一个训练场；在女儿获得邦级冠军后，为了使女儿得到更规范的训练，马哈维亚去体育局申请资金购买专业摔跤垫，被奚落和嘲讽后，他还是没有气馁，用床垫代替专业摔跤垫对女儿进行进一步的训练。正是通过人物在一次次矛盾冲突中的行为表现，影片将主人公坚忍、顽强和矢志不渝的性格清晰地刻画出来。

三是运用角色反衬凸显性格。在凸显人物性格方面，《摔跤吧！爸爸》这部电影成功地使用了角色反衬的表现手法。例如，影片通过吉塔同窗伙伴之口，将两个父亲进行对比：一个为了减轻家庭负担将年仅14岁的女儿嫁为人妇，一个为了两个女儿能出人头地不辞艰辛、忍辱负重，这一对比，使得主人公看似冷酷的性格即刻显得温良仁爱；在对吉塔进行训练的事情上，用教练的自大、盲目和马哈维亚的脚踏实地相对照，将人物扎实做事、踏实做人的性格凸显出来。总的来看，反衬手法的使用，使影片以很少的镜头实现了人物性格的最佳凸显。

四是采用细节镜头完善形象。为了使人物形象血肉丰满，《摔跤吧！爸爸》这部电影还采用了很多细节镜头对人物形象进行完善。例如，为了表现主人公慈爱的一面，影片用了两个很有说服力的镜头。一个是马哈维亚陪小女儿记单词的镜头，另一个是吉塔和巴比塔训练后睡在床上，马哈维亚为女儿捏脚的镜头。这两个细节镜头的设置，将一个父亲的慈爱十分突出地表现出来。

总的来看，《摔跤吧！爸爸》这部电影不仅主人公形象血肉丰满、性格鲜明，而且众多的陪衬角色个个面目清楚、性格分明。与此同时，人物间的相互关系、行为目的都交代得十分清楚。（本文作者　黄高才）

### （三）把握思想内容

真正好的艺术作品，不仅要使观众看了轻松愉快，而且要能够使观众思想上有触动、道德上有滋养、精神上有鼓舞等。对于一部影视剧而言，不仅要有引人入胜的故事、血肉丰满的人物形象，而且必须有能够使观众深受教益的思想内容——或者使人的思想受到启发，或者使人的道德得到善化，或者使人的精神得到激励，或者使人的情趣得到陶冶等。在欣赏影视剧时，观众要善于通过故事和人物形象准确把握影视剧的思想内容，这样才能更好地从中获得教益。

怎样准确把握影视剧的思想内容呢？一是看影视剧的主干故事反映的社会问题或探讨的人生话题。例如，《摔跤吧！爸爸》这部电影提出了一个"人需要有梦想"的问题，围绕这个问题展开故事，启发观众进行多方面的人生思考。二是看剧中主要人物身上所表现出来的道德和精神亮点，以及人生智慧等。三是通过故事发生背景和人物活动环境的分析，理解剧作所表现的思想内容。例如，电视连续剧《西游记》把唐僧取经的故事放在狼虫出没、鬼怪作祟的漫漫长路上，使人物矢志不渝、坚韧不拔的性格表现得十分突出，从而加强了剧作的思想性。四是通过陪衬角色和细节镜头等，对剧作的思想内容进行全面的理解。请阅读下面一篇电影评论，感悟对影视剧进行思想内容分析的方法和要点。

坚守信念　　成就梦想<br>——电影《摔跤吧！爸爸》思想浅析

《摔跤吧！爸爸》这部电影通过主人公马哈维亚顶着压力、迎着阻力、拼着体力和凭着毅力最终实现自己人生愿望的故事，告诉人们一个道理：只要坚守信念，不懈努力，就有可能实现自己的梦想。从思想的角度看，这部影片不仅具有思想的启示性和精神的鼓舞性，而且具有道德的昭示性。

一、思想的启示性。《摔跤吧！爸爸》这部电影给人们的思想启示是很多的，其中有主干故事的启示，有枝节性故事的启示，还有人物台词的启示等。

就主干故事来看，给人的启示是很大的。例如，通过主人公把两个女儿都培养成冠军的故事启示人们：只要坚守信念、不懈努力，梦想定会实现；通过主人公在自家稻田里修建摔跤场、用床垫代替专业摔跤垫等情节启示人们：没有克服不了的困难；通过周围人物对马哈维亚父女成功前后态度的对比启示人们：成功是对冷眼和嘲讽最好的回应。

就枝节性故事来看，这部影片给人们的启示更加具体。例如，吉塔进入国家体育学院后，盲从了教练的训练方法，不再像以前那样勤奋刻苦，结果在国际比赛中惨败。这件事启示人们：有一份付出，才会有一分收获。

就人物台词来看，这部影片颇多哲理性的语言。例如，马哈维亚告诉女儿"得五分很难，但不是没有可能"，这句话揭示的哲理是：一切皆有可能；他还告诉女儿"不要希望每一次爸爸都来救你"，这句话揭示的哲理是：人必须有自救的意识与本领。

二、精神的激励性。从影片中可以看到，主人公马哈维亚在实现报国理想的过程中不仅顶着各种压力，而且还要克服各种阻力。例如，马哈维亚不仅要面对社会舆论的压力、妻女反抗的压力和经济压力等，还要克服赛事组委会的拒绝和职业教练有意刁难等各种阻力。在沉重的压力和连续不断的阻力面前，马哈维亚始终不气馁，硬是凭着坚忍的毅力，通过自己不懈的努力，最终实现了为国家夺得金牌的梦想。马哈维亚的精神强烈地激励着每一位观众。

三、道德的昭示性。在《摔跤吧！爸爸》这部电影中，编导还给我们提出了诸多的道德问题。例如，那个掌管着项目资金的体育局官员，不仅不作为，而且还吃拿卡要，甚至收礼也不办事；国家摔跤队的教练在马哈维亚指导吉塔训练和比赛的过程中，处处设梗，等吉塔拿了金牌，又站出来抢功。影片中诸多道德问题的提出，旨在启发人们思考：做人和做事，怎样才能对得住自己，怎样才能不负他人，怎样才无愧于国家和民族。

总的来看，《摔跤吧！爸爸》这部电影在思想表现方面十分成功。这部电影不仅能够给观众诸多的思想启示，而且能够给人以精神上的激励与鼓舞。与此同时，还能引起人们对诸多道德问题的思考。（本文作者　黄高才）

### （四）鉴赏表现手法

由于影视艺术的构成元素较多，每一种元素的表现方法各不相同，因此，影视艺术的表现手法是极其丰富的。由于世间事物一理相承，各种方法触类旁通，对影视剧中各种表现手法的鉴赏，不仅可以逐渐增强影视欣赏的能力，而且可以提高基本的写作能力和文学创作能力。与此同时，还可以活跃思维，开阔视野，增强做事能力等。

由于影视艺术是综合艺术，其表现手法鉴赏的最佳方法是分元素来看，这样不仅易于把握，而且容易看得清楚。具体包括六个方面的内容：一是看故事的编排是否合理、曲折和生动，矛盾冲突的设置是否集中和激烈，故事的发展是否引人入胜，故事的结局是否给人留下思考或是令人振奋等；二是看人物形象是否丰满，性格刻画是否清晰，个性是否突出，人物关系是否清楚，人物身上所表现的道德和精神是否明确和丰富等；三是看镜头是否具有表现力，场景的选择是否恰当，画面是否主题突出和具有视觉美感，镜头的组接是否完美等；四是看人物台词是否合乎人物身份，是否能够有效地表现人物性格，是否生动、风趣、优美和富于哲理性等；五是看音乐的配置是否凸显了主题和有效地烘托了气氛等；六是看服装、光效、烟火等元素的使用是否达到了良好的表现效果。请阅读下面这篇影评作品，体会表现手法鉴赏的一般方法和要点。

### 情感在泪光中折射
——浅析《摔跤吧！爸爸》的"画眼睛"手法

人们常讲一句话：眼睛是心灵的窗户。因为通过人的眼睛可以窥见其心灵世界，所以文艺作品经常采用"画眼睛"的方法来表现人物的思想和情感。在《摔跤吧！爸爸》这部电影中，"画眼睛"手法的使用不仅很多，而且使用得十分恰当。下面，我们分类作一浅析。

一是失落时的眼神。主人公马哈维亚热爱摔跤，并且有金牌报国的梦想，然而现实一次次把他的梦想给打破。每当金牌梦被打破时，主人公的眼皮低垂，眼中表现出失落和无奈的神情。例如，当父亲让马哈维亚放弃摔跤找一份工作养家时，他没有说话，只是目光呆滞地听着训示；自己被迫放弃了摔跤事业，马哈维亚又把金牌的梦想寄托在了"儿子"身上，可妻子连生几胎都是女孩——每一次期盼落空时，主人公都低垂着头，眼中黯然无光。

二是惊喜时的目光。坚持梦想的人总能找到圆梦的机会。虽然现实一次次将马哈维亚的金牌报国梦打破，但还是给了他重拾梦想的机会。马哈维亚的两个女儿和同村一般大的两兄弟打架，把对方打得十分狼狈，这件事使马哈维亚看到了两个女儿的摔跤天赋，眼中表现出了兴奋和喜悦。

三是激动时的泪花。眼含泪花是最具情感表现力的特写镜头，这种镜头在电影《摔跤吧！爸爸》中应用较多。例如，当吉塔经过艰难拼搏获得英联邦运动会摔跤冠军的时候，一边是坐在电视机前观看比赛的妈妈眼含泪水，另一边是站在看台上的爸爸眼里闪着晶莹的泪光。眼含泪光特写镜头的大量使用使得这部影片在成功塑造精神偶像的同时，又充满了人情味，不仅激励人的精神，而且陶冶人的心灵。

四是担忧时的眼神。在《摔跤吧！爸爸》这部电影中，比赛是故事的重要情节。在比赛进行中，编导不断进行镜头切换，用亲人们担忧的眼神渲染紧张气氛、增强感染力量。例如，在吉塔角逐冠军的最后一场比赛中，编导用了三个"画眼睛"的特写镜头，一个是坐在电视机前的妈妈定格般的眼神，二是坐在赛场边上的巴比塔圆睁的眼睛，三是坐在观众席上的堂哥瞪大的眼睛。

总的来看，《摔跤吧！爸爸》这部电影采用大量的"画眼睛"镜头来刻画人物，不仅使人物形象更加丰满，而且加强了影片的情感力量。（本文作者黄高才）

# 第六章

# 文字美

　　任何一种文字的产生都是人类智慧的结晶。因为文字与现实中的事物具有对应关系，反映着物理、事理，同时又包含着哲理。因此，文字之美不仅表现在形体上，而且反映在字义中。因为本书是供中国大学生使用的课本，所以本章仅以汉字为例。

　　汉字是象形文字，源于事物的具象，形意关系十分密切，可以见形思物，以形知意。凡是用象形法创造的汉字，都能够使人将汉字和它所代表的事物很快联系起来，直接引发人们的想象；用会意法创造的汉字，更多地反映了各种事物间的依存关系，使人们能够据以推知事理，认识社会、人生……因此，汉字不仅反映了事物的形象，具有形体美的特点，而且反映了事理、包含着哲理等，具有意趣美和思想美等特点。

## 第一节　形体美

看微课
形体美

从形体的角度看，因为汉字的创造是通过对事物形体的描摹和对事物特征的再现来完成的，很多汉字的形体实际上是其所对应的事物形体的高度概括，所以，汉字的形体生动活泼、富于变化，既具有图画美，又富于意趣美。

### 一、汉字的创造方法

关于汉字的造字方法，许慎在《说文解字》中总结说："一曰指事：指事者，视而可识，察而可见，'上''下'是也。二曰象形：象形者，画成其物，随体诘诎，'日''月'是也。三曰形声：形声者，以事为名，取譬相成，'江''河'是也。四曰会意：会意者，比类合谊，以见指㧑（huī），'武''信'是也。"这四种造字方法完全符合人们的认知规律，十分科学。运用这些方法创造出来的汉字不仅形体构造和形义联系的规律性很强，而且识读十分方便。

"象形"是最基本的造字法。其方法是用文字的线条或笔画，把字所代表的事物的外形特征清晰地勾画出来，使人一看到"字"就联想到具体的事物。如图6-1-1所示，"月"字是一弯明月的形状，"马"字在整体描形的基础上，突出了直竖的马鬃和飘起的马尾，形象特征很明显。象形字来自于图画文字，但是图画的性质已大大减弱，象征性大大增强。

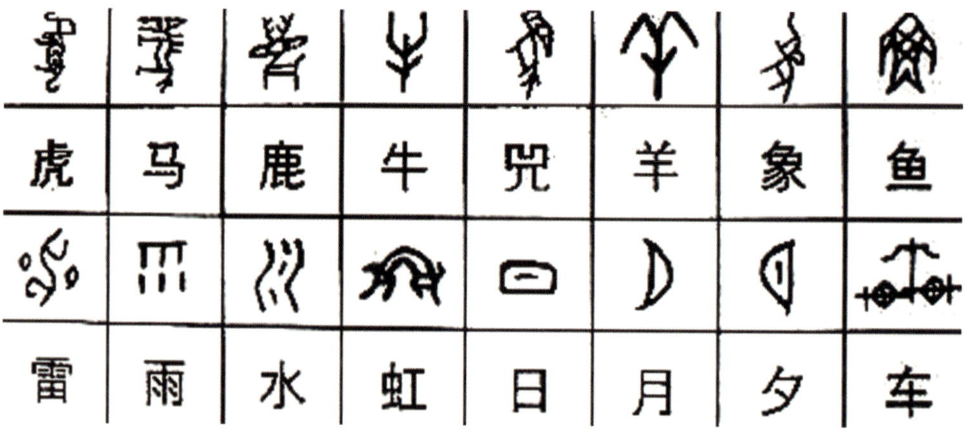

图6-1-1　甲骨文象形文字与今文对照表

"指事"的造字方法是以已有的象形字为基础,在一定的位置标以象征性的符号来表示意义的造字法。如在"木"字的上部标示一点造出"末"字,在"木"字的下部标示一点造出"本"字;在"一"的上方加点造出"上",在"一"的下方加点造出"下",等等。

象形和会意能够突出事物的特征,易认易记,但它们不能表达抽象的意思。于是,古人便发明了"会意"的造字方法。会意字是由两个或两个以上的独体字组成,将每个独体字的形、义综合起来,构成新造字的形、义。如"人"靠在"木"(树)上是劳作累了后在"休"息,"鸟"儿张"口"是在"鸣"叫,等等。

象形、指事和会意造出来的汉字都能够从形体上判断出其基本意思,但不能确定其读音。为了解决这个问题,古人发明了"形声"的造字方法。形声造字法的出现,使汉字走进了一种全新的境地。用形声法造出来的汉字,不论是辨形、识义,还是析音都十分容易。如"姑、妈、姨、奶、姐、妹"等,站出来一群"女"的,要凭声"音"的不同确定她们各自的身份。

## 二、独特的形体构造

就形体的特点而言,汉字是在一个二维平面上构形的。这个两维度的空间为汉字构件的结合提供了许多区别的因素,除了不同的构件可以组合成不同的汉字以外,相同的构件也可以构成不同的汉字,如"木""林""森"是构件多少的差别造成的,"叶"与"古"、"杲"(gǎo)与"杳"是构件位置不同造成的,小篆"比""从""北""化"的差别是构件置向不同造成的。这些在两维空间内造成的区别与拼音文字由字母线性排列而结合是不一样的。所以汉字书写灵动自如,形象传神,飘逸潇洒,富有运动感,字的大小、笔画都有一种变化美。

## 三、汉字形体美的基本表现

汉字的形体美主要从两个方面来看:一是从构字原理来看,象形和会意两种方法创造的汉字,其形体是事物形象的高度概括,具有情态生动的形象美;二是从文化的角度看,方块汉字既体现了中国文化和谐、稳定的思想,又体现了刚健、正直等文化精神。

### 四、从形体演变看汉字之美

考古发现和出土的大量实物资料以无可辩驳的事实证明：汉字至迟起源于8000年前的新石器时代早期。并且从那个时候开始一直延续，不断发展和稳步演变。令人惊叹的是，汉字虽然经过了几千年的发展演变，其象形美的特点始终十分明显。

#### （一）陶文

近半个世纪以来，我国考古工作者在多个新石器时代的文化遗址中都发现了记事符号。笔者对这些符号进行了系统的比对和研究，同时依据文字的性质对其进行衡量，最终，以审慎、负责的态度得出结论：大地湾遗址、半坡遗址和姜寨遗址出土的陶器上的刻画符号实际上就是文字。

仔细观察图6-1-2，综合图6-1-3来看，这些符号刻画的位置相同。很显然，刻画者在刻画这些符号时是充分考虑到了识别方便的，这些符号极有可能是器物制作者的名字，或是器物定制者的代号，不论是哪一种情况，这些符号的记事性是毋庸置疑的，从内涵上符合文字的定义，这是其一。其二，这类符号是成批出现的，是一个符号系统，从外延上符合"文字是人类用来记录语言的符号系统"这一定义。其三，这些符号笔画工整，点画搭配十分讲究，符号特征突出，文字性质十分明显。

图6-1-2　姜寨刻符陶钵

图6-1-3　姜寨刻符陶片

## （二）甲骨文

中国商代和西周早期（约前16—前10世纪）以龟甲、兽骨为载体的文献是迄今为止所发现的汉语文献的最早形态。刻在甲、骨上的文字早先曾称为契文、甲骨刻辞、卜辞、龟板文、殷墟文字等，现通称甲骨文。

甲骨文的发现以无可辩驳的事实证明：汉字不仅起源很早，而且早在3500年前已经形成了十分完备的文字系统。因为一个文字系统的形成，有一个十分漫长的过程，甲骨文汉字系统的发现表明，在甲骨文时代以前很久远的时期已有文字。这也给我们提供了参照研究的思路——事实上，在将甲骨文和史前刻符进行认真仔细地比照研究之后，我们更加坚信汉字至迟产生于距今8000年以前。关于这一点，后面我们还有一些比照性的分析。

从图6-1-4和图6-1-5这两片甲骨（现藏安阳殷墟博物馆）所刻文字来看，甲骨文中的相当一部分和我们在新石器时代陶器上发现的刻画符号是相同的，如图6-1-4中最中间的一个字和右上角的一个字与陶器上的刻画符号相同。图6-1-5这片甲骨上的文字一半都与已发现的史前刻画符号相同或极度相似。这说明，甲骨文和已发现的史前刻画符号存在着一种延续关系。

从图6-1-6这块甲骨（现藏安阳殷墟博物馆）上的文字来看，甲骨文用笔线条严整瘦劲，曲直粗细均匀，笔画多方折，已经为汉字"方块"化奠定了基础。从字的结构来看，字形虽大小不一，但比较均衡对称，显示了稳定的格局。与此同时，我们还可以看到，这些文字中既有指事字、象形字、会意字，也有形声字。

 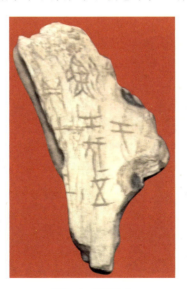 

图6-1-4　甲骨文　　　　图6-1-5甲骨文　　　　图6-1-6　甲骨文

这些文字和我们现在使用的文字，在外形上虽有巨大的区别，但是从构字方法来看，二者基本上是一致的。这就是说，到甲骨文时期，中国的文字已经十分成熟。

（三）金文

大约在距今3300年左右的商代中期，出现了"金文"。金文是指铸刻在青铜器上的铭文。金文是商周文献的主要记录形式。商周是青铜器的时代，青铜器的礼器以鼎为代表，乐器以钟为代表，"钟鼎"是青铜器的代名词。因此，金文也叫钟鼎文。金文应用的年代，上自商代的早期，下至秦灭六国，约1200多年。

与甲骨文相比，金文笔道肥粗，弯笔多，团块多，整齐遒丽，古朴厚重。这一大的变化主要是由书写材料和书写手段决定的。因为甲骨文是用锋利的工具刻在坚硬的骨上的，自然笔画比较匀细。而青铜器铭文是按照墨书的原本先刻出铭文模范，再翻范铸造出来的，所以翻铸的金文一般都能够在相当程度上体现出墨书的笔意。因此，其笔画比较肥厚。

汉字进入金文时代后，形体的演变几乎是裂变式的。商代金文较少，与甲骨文形体比较接近，直线多，圆角少，锋芒外露。运笔上不讲藏锋，起笔与收笔均为尖利，用笔刚健，气势雄浑。这一特点一直延续到西周早期。如商尊铭文（见图6-1-7），笔画劲健，多为单刀，夹以双刀刻画点线，呈现尖细柔润的清奇风貌。

西周中期，金文趋向成熟，笔画讲究藏锋，结体也注意对称、整齐、虚实、呼应，布局上注意疏密整饬，错落有致。图6-1-8是西周中期一件簋盖上的铭

图6-1-7　商尊内底铭文

图6-1-8　西周中期簋盖上的铭文

图6-1-9　战国时期工师纹铜罍上的铭文

文。从这段铭文可以看到，西周中期的金文，字的大小趋于统一，笔画匀称，字形已趋于方正。

到春秋战国时期，金文的形体、笔画在很多地方开始出现了大的裂变，总的趋向是字体瘦长，笔画均匀飘逸，间隔疏朗，错落有致，风格表现为纤巧飘逸，瘦劲清灵，已显露出汉字今文的形体笔画风格。图6-1-9是战国时期工师纹铜罍（léi）上的铭文。

（四）石鼓文

石鼓文是我国最早的石刻文字，世称"石刻之祖"。现存于故宫博物院的石鼓是宋代出土于今陕西省宝鸡市凤翔县的，共10只，上面刻有文字。经考证，这些石鼓是秦穆公时代的文物，上面的文字有的已经残缺不全。石鼓文比金文规范、严整，但仍在一定程度上保留了金文的特征，它是从金文向小篆发展的一种过渡性书体。据文献记载，在石鼓文之前，周宣王太史籀曾经对金文进行过改造和整理，著有大篆15篇，故大篆又称"籀文"。石鼓文是大篆留传后世保存比较完整且字数较多的书迹之一。

图6-1-10是石鼓文拓片。从这张拓片上面的文字可以看到：石鼓文上承西周金文，下启秦代小篆，字形方正，落落大方。横竖折笔之处，圆中寓方，转折处竖画内收而下行时逐步向下舒展。用笔起止均为藏锋，圆融浑劲，端庄凝重，笔力稳健。汉字"方块"的特征已经显现出来。

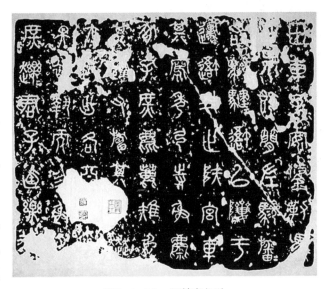

图6-1-10　石鼓文拓片

（五）汉字形体的规范化

汉字从最初起源时期的史前刻符，经甲骨文、金文、石鼓文几个阶段，历时6000年的发展，至秦朝建立时，已经形成了音、形、义十分完备的文字体系，兼具表意与表音文字之长，具有超强的文化承载能力。

在汉字持续稳健发展的同时，由于自春秋以来500年的诸侯割据，各地方国自行其政，表现在语言文字方面，出现了"言语异声""文字异形"的混乱现象。文字形体的混乱、笔画多少的随意性，给汉字的识读造成了困难，这一情况的存在不仅影响书面交流，而且严重地阻碍了文化的传播。因此，具有远见卓识的秦始皇命李斯对文字进行系统的整理，以增强汉字的文化承载力，加强汉字的文化传播力。

李斯及其助手们以大篆为基础，对其进行省改、简化，同时吸收民间文字中一些简体、俗字体，加以规范，创制出了小篆（见图6-1-11）体的汉字体系。小篆较之大篆，形体笔画均已省简，而字数增加，这顺应了时代发展的要求。最为关键的是小篆的创制，对汉字进行了历史上第一次系统的整理、规范和定型，汉字的轮廓、笔画、结构都固定下来，排除和消灭了大量的各国异体文字，使汉字的识读和记忆更加方便。与此同时，小篆的创制为汉字的整体"隶变"创造了条件。这样一来，汉字的文化承载力大大增强，传播速度加快，为文化的大发展奠定了坚实的基础。

具有远见卓识的秦始皇推行"书同文"的政策，命令李斯创立小篆后，很快发现了小篆书写速度受限的缺陷，于是便采纳了程邈的建议，将其整理的隶书作为官方文书的使用文字。郭沫若说："秦始皇改革文字的更大功绩，是在采用了隶书。"（《奴隶制时代·古代文字之辩证的发展》）

图6-1-11　秦小篆

隶书也叫"隶字""古书"，是在篆书基础上，为适应书写便捷的需要产生的字体。就小篆加以简化，又把小篆匀圆的线条变成平直方正的笔画，便于书写。隶书的特点是结体扁平、工整、精巧。到东汉时，撇、捺等点画美化为向上挑起，轻重顿挫富有变化，具有一种书法的艺术美。隶书的出现，是汉字形体的又一次大演变。这次演变，使汉字使用的便捷程度大大提高。

汉初，有一个叫王次仲的人在隶字的基础上创立楷书这一新的汉字书体。到唐代时，汉字的楷体结构已十分完善。这时的楷书形体方正，笔画平直，书写比隶书更加方便。至此，汉字在形体上完全成熟。

## 第二节　内涵美

汉字的创造虽然从对自然的模仿开始，但也体现了中华民族的智慧和创造才能，融入了中华民族的审美思想等文化元素。与此同时，每一个汉字的产生都是人们对于世界的一种体察、一种感悟、一种思想认知，汉字的创造方法也标志着中国人的思维方式。因此，汉字的内涵十分丰富。

### 一、汉字创造中的智慧

汉字的产生出于象形，这似乎是件十分简单的事情，其实不然。汉字的象形造字法充分利用了人们以往对事物的认识经验，突出表现事物的个性特征，使人们一看就能够将其与具体事物联系起来。不仅识读极为方便，而且极易引发人们的想象和联想，训练人们的形象思维及创造性的思维能力。仅从这一点上看，汉字的造字法中包含着大智慧。

事实上，汉字的造字过程不仅仅运用的是形象思维，更多时候是形象思维与抽象思维的有机结合。下面以汉字中10个数字的创造过程为例，看看汉字造字过程中所体现的人类智慧。

数字是用来计数的，数字的创造源于对人们计数实践的概括和总结。我们不妨设想一下：在原始社会组织中，已经有了激励机制，谁的贡献大，谁就被推举为小头领。怎样才能准确衡量一个人贡献的大小呢？最好的办法是依据他对部落成员的物质贡献。比如说，打回一只野山鸡，记一分工，用一个鸡腿骨作为实物记录；打回一只猎豹，记四分工，用一颗猎豹的门牙作为实物记录。在这一过程中，鸡腿骨就代表数字一，猎豹门牙代表数字四。在创造汉字中的数字时，人们对这一实践过程进行总结和概括，于是就有了下面的造字过程。

从图6-2-1至图6-2-4可以看到，"一、二、三、八"四个数字都是用代表具体数字的实物直接摆出来，然后用写实的办法记录下来的，这是一种实践的总结。方法虽然十分简单，但文化意义是非同凡响的。

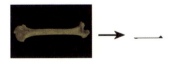
图6-2-1　"一"的产生过程

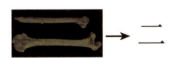
图6-2-2　"二"的产生过程

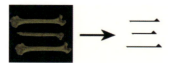
图6-2-3 "三"的产生过程

图6-2-4 "八"的产生过程

从图6-2-5至图6-2-10可以看到，汉字"四、五、六、七、九、十"六个数字的产生过程，不仅仅是计数实物的简单摆放过程，而且是一个形象思维与抽象思维协同作用的过程。如"四"的创造，不仅对其中的"两骨"进行了较大的变形处理，而且为了规整、美观，大胆地采用了两条平行的线段将另外"两骨"的两端连了起来，这样造出来的"四"字很美观。再如，数字"十"的"一"（横）笔，是由两个表示四个的"牙齿"连接起来后再变形而来的。

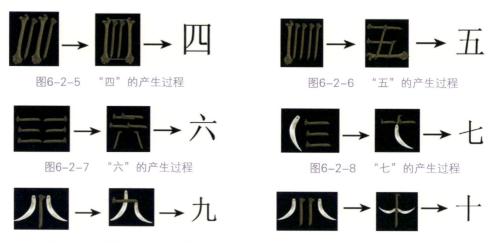

图6-2-5 "四"的产生过程　　图6-2-6 "五"的产生过程

图6-2-7 "六"的产生过程　　图6-2-8 "七"的产生过程

图6-2-9 "九"的产生过程　　图6-2-10 "十"的产生过程

总之，从十个数字的创造过程我们看到，汉字来源于人们的实践，具有极其鲜活的生命力。与此同时，汉字的创造过程，真实地反映了人们思维的一般规律。因此，汉字是人类最富于智慧、最具生命活力的语言。

## 二、美妙的形义关系

在古文字阶段，汉字的构字方法主要有四种：象形、指事、会意、形声。象形就是对事物的外部特征进行描绘，使人一看便知。如"山""水""鱼"。指事是用抽象符号或者在象形字的基础上加上抽象符号表示难以直接描绘的事物或位置，如："本"是在"木"的下部加上一横指示树根的位置。会意是把两个或两个以上的字合在一起表示一个新的意思，如"休"用"人"倚"木"表示"休息"义,"尘"用"小"和"土"会合出"尘土"义。形声是用表示意义类别的构件和表示声音的构件合起来表示一个词义,如"湖"用"氵(水)"表示意义类别,用"胡"表示读音,"袍"用"衤(衣)"表示义类,用"包"表示读音。在这四种构字方法中,前三种都没有表音成分参与,字的形体直接跟词的意义相联系;第四种是由表音成分和表意成分两个部分构成的,人们还可以依靠表意的成分来理解字义,在识读中起主要作用的仍然是表意构件。在漫长的发展过程中,汉字这种据意构形的特点一直没有改变。

汉字是典型的表意文字,这也造就汉字的独特文化内涵。元宵节或一些活动中的字谜游戏,就是根据汉字意义和形体的特点,把汉字分析拆拼,对谜面或谜底的文字形状、笔画、部首、偏旁进行增损变化或离合归纳,使原来的字形发生变化。这类谜往往虚实结合,须仔细推敲斟酌,才能求出谜底。如"绿树村边合"(打一字)谜底是"林"。谜面摘自唐代孟浩然《过故人庄》,今运用别解手法,以"树、村"二字的"边"分扣"木、木",是为离;再将这两个偏旁合起来成为"林",是为合。

### 三、汉字中的哲理

每一个汉字都承载着丰富的文化信息,具有丰富的思想内涵。很多汉字不仅组词能力十分强大,而且富含哲理,给人以多方面的启示与思考。例如,一个"功"字,告诉人们要成功就要付出,不想出力,只想收获是不可能取得成功的;一个"协"字告诉人们要办好"十"件或更多的事情,需要大家的共同努力,一个人的力量是有限的。

汉字的哲理美,使得汉字的解析常常成为一种审美活动。解析汉字,不仅可以感受其丰富的思想美,而且能感受其哲理美。举例如下。

(1)"人"字虽只有两笔,一撇一捺,一笔指自己,另一笔指他人;对于每个人来讲,只有和他人相互支撑,才可望立于不败之地。

(2)什么是"道"?上面是个"首",下面是走之。道就是要多走多看,多用脑袋想。不走不看空想,走走看看不想,永远都明白不了道理。孔子周游列国,见多识广,最终才成为圣人。因此,走出去,才能发展。

(3)"出"字就形体来看:困难总是一山摞着一山,坚持才是唯一的"出路";只有明白山外有山,不断攀登,才有"出"人头地之日。

(4)"不"和"土"结合,变成了"坏","不"和"好"结合,变成了

"孬"。那看来就是"不"的问题了，和谁结合都好不了，给它一个"好"，"不"没有变好，"好"反而就坏了。

（5）"王"字义解。孔子说："三极者，天，地，人。""王"字中的每一横代表一个要素，一竖代表上下贯通，贯通"天地人"三者，才能为"王"。

总的来讲，汉字是国学赖以产生和存在的基础，也是国学的核心内容之一。对中国国学的一切研究，首先应当从研习和精通汉字开始——精通了汉字，不仅易于理清国学研习的思路，而且可以使学习者更加深透地理解国学的全部内容。

## 四、超越时空的表现力

跟拼音文字相比，汉字具有超越时间和空间的表现力。从时间的角度讲，汉字形体的演变具有很强的延续性。虽然古今汉语字音的差别很大，但自秦代隶书出现以后，在2000多年的时间里字形相当稳定，字义的变化比较小，所以先秦时期的古书今天一般人还能看得懂。而用拼音文字写的古书，现代人就根本无法读懂了。古埃及、巴比伦的文明史被割断就是一个例子。从空间上讲，中国疆域内方言众多，语音差别也很大，不同方言区的人彼此不能交谈，可是只要写成汉字，他们就能互相沟通。连使用汉字的日语，在部分使用汉字的地方，说汉语的人都能够看明白其意思。

## 五、构词功能强大的单字语素

汉字经过几千年的演变，始终保持了形、义紧密联系和音、形、义相统一的方块字特点。除了极少数因吸收外来词而造的字外，汉字中的每一个单字就是一个语义单位（即语素），这就决定了汉字强大的组词能力和无限的生命力。每当一个新的概念产生时，人们能够依据其大的类属对其进行语义"定位"，继而在汉字系统中为其找到一个基本语素，然后再对其进行修饰或限定，很快就创造出能够准确揭示事物（概念）内涵的新词来。并且新造的词汇很快能够被大多数人所理解。如，当压制面条的机器这一新生事物出现时，人们首先将其定位到"机"械的大类之中，然后再根据它的功能用"压面"对"机"进行限定，这样，"压面机"这一新词（概念）就产生了。这一概念面世后，不用作解释，绝大多数人都能理解它的含义。这一点是任何表音文字都无法相比的。

## 第三节　识用美

汉字是象形文字，可以察形知义。作为表意文字的汉字，几千年来形义都十分稳定，并且字体的演变延续性很强，因此，即使是上古汉语的文字，不但容易辨认，而且不难弄懂其意思。现在的英国人没办法读莎士比亚当初写的剧本，是因为语言符号的意义已经发生了巨大的改变。而我们今天不仅能读先秦诸子，甚至能够依据单字的形体构造释读出甲骨文字的意思。这就是汉字的巨大优越性，即汉字的识用美。

### 一、易学易会使用便捷的文字

20世纪80年代以前，人们普遍认为汉字难认、难写、难记。今天看来，"三难"只是在一定的历史条件下人们对汉字的一个错觉。

最初，计算机刚发明的时候，汉字输入成为一个难题。于是，有人就臆断：汉字无法实现计算机输入，终究要被历史所淘汰。这种论调一次又一次被信息技术的发展所否定。现在，汉字的计算机输入速度已经远远超过了英文，特别是近几年来，汉字"二笔"输入法、联想输入法等方法的出现，使汉字的输入速度达到了英文输入速度的数倍！从另一个角度讲，随着科技的飞速发展，新词不断增加，英语的单词越造越长，有的已经超过20个字母，而汉语拼音的音节最长的也不过6个字母。这就是说，在启用汉字输入法的联想功能的情况下，即使采用现在被认为最笨拙的汉字拼音输入法，汉字的输入速度也要比英语快得多。从手写的角度讲，汉字常用字的笔画是十分省简的，寥寥几笔成字。事实证明，以"正书"为参照标准，同样的一段话，用汉字写出来的时间要少于用英语写出的时间。因此，"难写"对于汉字来说已永远成为历史。

至于说"难记"，就更不能成立了——汉语识字是世界上费时最少、记忆量最小的一项学习活动。今天，人们都十分清楚：不论是中国人也好，外国人也罢，只要掌握了3500个常用汉字，就能够顺利地阅读所有中文读物。而即使是美国人，掌握不了6000个以上的常用单词，读一般的英文报纸都有些困难。更有甚者，即使记住了2万个单词，他能获得的信息还是有限的。尤其是阅读科技著作，离开了专业词典几乎无法读下去。中国人只要掌握三四千个汉字，就可以获得几乎全部信息，拿到什么书都能顺利地实现阅读。因此，我们不能被简单的26个字母所迷惑。这简单的26个字母通过排列组合造出来的任何一个单词，都要靠强记——音、形、义之间缺少有机联系，这本身比形义联系十分紧密的汉字记忆难度要大。何况，因专业的不同，常用英语单词的数量少则几千，多则几万，其记忆量之大可想而知。

最后说"难认"。汉字本身是象形文字，可以察形知义，即使是上古汉字，破译的难度也很小。而对于任何一个英语单词来讲，在你没有靠强记弄清它的意思之前，你是无法知晓它的基本含义的。比如说，forest这个单词什么意思？你没办法从字母组合上得到解答的线索。而对于汉字"森"来讲，一看就知道它表示树多的意思，紧接着就会想到成片的树，至此，它的意思基本就明确了。由此可见，相对于拼音文字来讲，汉字的意义识别要容易得多，即"易认"。

还有一些人当初提出汉字"难认"的观点是基于读音而言的。诚然，在掌握了音节构成规律的情况下，英语单词一看就知道怎么读。会读不知其意，又有何用呢？况且，汉字的形声字占绝大多数，而其声旁大多表音很明确，所以识读也很方便。既能够通过形旁察知其意，又能够通过声旁大概知晓其读音，汉字还称不上"易认"吗？

事实上，形声化一直是汉字发展的方向。据统计，在甲骨文字里，形声字只占20%左右，到东汉许慎编写《说文解字》时，形声字的比例已经达到82%，到清代康熙年间编纂《康熙字典》时，形声字已占到90%。此外，绝大多数非形声字都曾作为形声字的构件参与形声字造字。

事实证明：汉字是人类所有文字中最易识别、习得过程中记忆量最小、实际使用上最便捷的一种文字。

## 二、超强的信息承载力

汉字形、声、义三位一体，其本身的信息量远远大于拼音文字。而本身可以作为一个语素或一个词的汉字，其意思大多是一种集合意义，尤其是表示概念的汉字。只要认识了表示一种事物的一个汉字，关于一类事物的名词都会轻而易举地被理解。比如认识了"牛"字，不论公牛、母牛、黄牛、水牛、老牛、小牛，人们都知道它的意思。而拼音文字就不同了，尤其是英语必须一个一个地记，理解和记忆都很困难。例如，即使你认识了ox（牛），bull（公牛）、cow（母牛）、calf（小牛）任意出来一个，你也未必认识。这几个虽然是表示同类事物的单词，也必须一个一个地学，一个一个地记。通过比较可知，汉字是最省俭的文字，单位字符所承载的意义信息量远远大于任何拼音文字。

由于汉字本身承载的信息量很大，汉字的组词能力十分强大，不管是名词还是动词，成词的空间巨大，因此，当新概念不断产生，拼音文字已疲于应对时，汉字却游刃有余。

### 三、强大的文化凝聚力

汉字，不论是当初刻在龟甲上的，还是铸在青铜器上的，无论是书在木简上的，还是写在纸张上的，虽然几千年来形态发生了较大的变化，但是表意的性质始终没有变，自秦代以来，中华大地上"书同文"的格局没有变。因此，不论中华疆域内有多少种方言，"书同文"始终维持着中华民族的统一。

汉字是中华民族的一种情结。不论是长城内外，还是大江南北，说东北话也好，讲粤语也罢，用吴语沟通也好，用闽语交流也罢，抑或是用湘语问，用赣语答，用客家话评点，不同的口音背后，坚挺的是相同的语言符号。正是这相同的语言符号，把广大疆域内的人心和精神凝聚在了一起。不论是湖南人吟诵《静夜思》，还是广东人吟诵《静夜思》，或者北京人吟诵《静夜思》，音调不同，声腔不同，但情至深处，那泪水的味道是一样的，因为那几行字中寄寓的情是不会因为用声运调的不同而改变的。

从另一个角度讲，汉语亘古不变的表意性使文字的内涵永远保持不变，使其承载的文化精神永远能够被人们所释读。正因为这样，我们的历史永远是那样清晰，我们民族的根系永远是那么清楚。中国人不论走到世界的哪一个角落，只要看到方块字，就会想到自己是中华儿女。

同一个汉字，在不同的方言区域内读音不同，但不论在什么地方，它表示的意义是相同的。也正是这一点，汉字成就了中国文化的丰富多彩。陕西人到了江浙，想看看越剧、听听评弹，到了安徽，就想去看看黄梅戏。而江浙人到了陕西，也想感受一下震耳的秦腔。因为虽然艺术风格颇多差异，角色的扮相不同，但汉字世界里梁山伯和祝英台的故事是一样的。所以，陕西人坐在江浙的剧场内看越剧，即使听得不大明白，心里的感觉也是蛮好的。

### 四、巨大的发展空间和良好的兼容性

从诞生到今天，汉字已经8000岁了。在漫长的成长过程中，汉字的活力不断

增强。到今天为止,汉字的计算机输入速度是世界上所有文字中最快的,其表现力是所有文字中最强的,其对新生事物的概念生成反应速度是最快的,其使用效率是最高的,其习得过程是最轻松的。

汉字是世界上现存的各种文字中历史最长的,其生命力也是最顽强的。产生于距今5500年前的苏美尔民族楔形文字,曾是两河流域文化的一面旗帜,这种文字在使用了3500多年的时间后,到公元1世纪完全消亡了;产生于公元前3100年左右的古埃及象形文字,至公元4—5世纪也消失了。被历史淹没的著名文字还有玛雅文字、波罗米文字等。只有汉字愈发展生命力愈强大,其文化传承能力愈强。

正是因为汉字顽强的生命力和超强的文化传承能力,中华民族的历史从未被割断过。今天,欧洲人已无法追溯他们3000年前的历史,无法再解读和认识他们的历史文化。因为他们已经看不懂自己祖先所造的象形文字了。而中华民族不仅能够通过上古的典籍探知中国5000年的历史变迁和文化发展轨迹,而且能够从《易经》和《老子》中解读出先贤们的巨大智慧。

就当今正在使用的各种文字来看,英语在短短1500多年的发展历史中,缺陷已暴露得十分明显——随着科技的飞速发展,英语已经出现了疲于应对的迹象,因为每一个新事物的产生,它都得造出一个新词来对应,字母有限,单词越来越长。如此下去,人们在语言学习方面将不堪重负。汉语则不然,不论有多少新事物出现,它都能在常用汉字中找出合适的字造出一个恰当的词来,并且由于构词的语素意义明确,新造的词一般不需解释人人都能理解。新词再增加,常用词不会增加,人们的学习负担自然不会增加。汉字的这一优越性是其他任何一种语言所无法企及的。

## 第四节　汉字书法美

看微课

书法之美

什么是书法?"书法"一词有两个含义:一是指汉字书写的法则和方法技巧,这是就书写过程而言的;二是指以汉字为载体表达思想、昭示道德与精神,以及进行人格观照的一种中国文化样式,这是就书写结果而言的。

书法之美主要包括四个方面的内容。一是思想美。书法是一门应用十分广泛的学问,其应用性最基本的表现是意思表达,因此,思想美是汉字书法有别于一般艺术形式的本质特点。二是道德美。从表现形式看,汉字书法的文化价值首先表现在道德昭示,其中包括用笔谦恭、结体自律和字与字间的相互避让等。三是精神美。作为一种人格观照的文化样式,汉字书法的立字和立人一样,要立出风骨精神，体现出刚健精神等。四是性情美。真正好的书法作品一般都能反映出书者的个性，使欣赏者感受到或率真，或平和，或磊落等性情之美。

## 一、思想美

汉字书法是一种应用十分普遍的文化样式，其应用性的突出表现是思想表达。首先，从其应用情境和表现形式来看，不论是牌匾、楹联，还是碑文、题记等，都是为表达一定的意思而书写的；其次，从人们对书法作品的选择来看，绝大多数人在选择书法作品的时候，首先考虑的是它的思想内容，而不是它的装饰美化作用。例如，图6-4-1是启功先生的一幅书法作品。人们在家里或者办公室悬挂这样的书法作品，其目的是激励精神，增强进取意识。

从汉字书法的发展历史来看，不论是新书体的产生，还是经典作品的出现，都是与实际应用密切相关的。在所有的传世经典作品中，很难找到以审美表现为创作目的的书法作品。也就是说，在所有的传世书法作品中，很难找到单纯的艺术品。因此，书法的本质是思想表达、道德昭示与精神表现，思想美是书法的本质属性。纵观整个汉字书法史，凡是有成就的书法家都十分重视所书内容的思想性。例如，图6-4-2这幅邓石如的楷书诗轴，所书内容为"泰山嵩岳以立身，明

图6-4-1　启功书法

图6-4-2　邓石如楷书诗轴

镜止水以居心。青天白日以应事,光风霁月以待人。"这几句话的大意是,立身道德崇高,修心清净无欲,做事光明磊落,待人坦诚无私。

## 二、道德美

作为一种文化样式,汉字书法对人产生积极影响的一个重要表现是道德启示。因为不论是书法的用笔、用墨,还是结体和章法,都能体现出一定的道德思想。例如,用笔自然、不矫揉造作,表现的是真诚的美德;笔画行止有度、不张扬,表现的是自律的美德;结字端正,表现的是正直的美德;一幅字中,没有形体过大的字,每一个字各安其位,表现的是谦恭和礼让的美德等。反过来看,书者的道德缺陷也能在用笔和结字等方面表现出来。例如,笔画肆意伸张或字迹有"独大"现象,表现出的是书者的狂傲之气;用笔矫揉造作,表现出的是书者的虚伪,等等。

一幅真正好的书法作品总是能够给人以积极的道德启示,或者使人更加真诚,或者使人更加谦恭,或者使人更加正直……这些就是书法的道德美。例如,王羲之所书《兰亭序》(见图6-4-3)之所以被后世书家一致认为是行书的最高标杆,主要在于其全方位地体现了中国文化的道德精神。这件作品用笔率真而无雕琢痕迹,墨色变化自然,很好地表现了率真的美德;行笔意到即止,无伸张意态和造作痕迹,很好地表现了谦恭、诚实的美德;结字舒展大方,立字端庄平稳,表现了正直、磊落的美德;字迹大小规整,墨色轻重均衡,很好地表现了自律和礼让等美德。

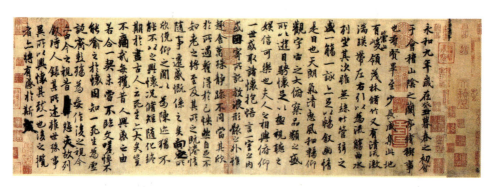

图6-4-3 [唐]冯承素摹《兰亭序》

图6-4-4是被誉为"天下行书第二"的颜真卿的行书作品《祭侄文稿》。这件作品用笔自然,笔画纯粹朴实,无丝毫的雕琢和造作痕迹,墨色自然变化,很好地体现了真率、诚实的美德;笔画无伸张意态,结字大小和谐,很好地体现了

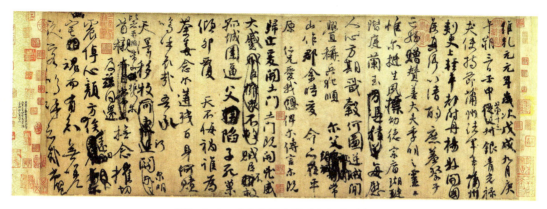

图6-4-4　[唐]颜真卿《祭侄文稿》

谦和的美德。

### 三、精神美

作为一种文化样式，汉字书法不是简单地描画和展示字的形态，而是借助于字的形体来表现人格精神。汉字书法表现人格精神的手段包括用笔、用墨、结体和章法四个方面，中国传统文化中有关人格精神的主题都能够在不同的汉字书法作品中表现出来。

从用笔的角度看，笔画的斩截、劲挺、磔笔等都能表现出刚健精神；从用墨的角度看，浓墨可以表现出字的神采，枯墨可以凸显字的筋骨；从结字的角度看，结体的紧凑，立字的端庄，字体的挺拔等都能表现出字的风骨精神；从章法的角度看，团结精神、礼让精神、包容精神等都能从章法安排上体现出来。

图6-4-5是姚奠中先生的一件行书手稿。此作用笔虽有顿挫、笔画显波磔意态，

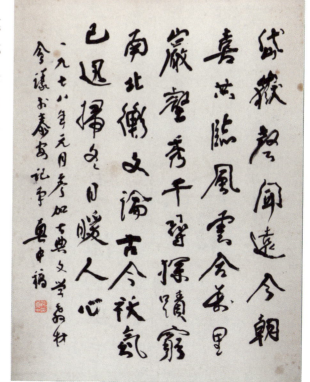

图6-4-5　姚奠中行书手稿

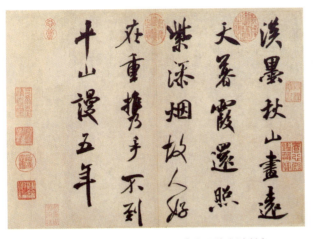

但笔笔挺健有力，结字紧凑，字显得很有精神。图6-4-6是米芾的行书《淡墨秋山诗帖》。此作墨色浓艳，字迹富于神采；用笔刚柔相济，点画既有刚健精神，又不乏神韵；结字灵活、生动，立字端庄、平稳。整幅字富有生机和活力，表现了积极向上的精神。

图6-4-6　[宋]米芾行书《淡墨秋山诗帖》

值得注意的是，从宋代开始，由于一些人对"书画同源"的理解有所偏差，盲目地追求书法的图画美，致使书法习练和创作开始步入误区；近现代以来，一些书法习练者受"书法是艺术"观点的影响，对书法的文化性认识不足，再次步入了学习和创作的误区。其中，书法的精神缺失是一个严重的问题。

从具体作品来看，书法精神缺失主要有四种情况：一是用笔矫揉造作，笔画纠缠不清，字缺乏精气神；二是结字形体离散，字的梗概不清；三是用笔散漫，点画缺少骨力；四是结字歪斜，立字重心不稳。

### 四、性情美

因为毛笔字点画的长短、肥瘦、强弱，以及笔画的姿态等都取决于用笔的细节，所以书法作品的质量常常取决于书写者心境和精神状态等。换句话说，书写者心性的好坏直接决定着书法作品的优劣。反过来，我们能够通过书法作品了解书写者的性情和气度等。一般来讲，性情豁达的人，用笔自然洒脱，笔画舒展，结体大方；心性平和的人，用笔沉着，点画温润，结字平稳……

图6-4-7是启功先生的一幅书法作品。此作

图6-4-7　启功书法

用笔平和自然，行笔变化潜移微妙，笔画干净清爽，既富有骨力，又不乏神采；就结字来看，灵活生动而不失端庄，舒展大方又姿态优雅。整体上看，不论是用笔、结字，还是章法，都极富清静平和之气，观之令人赏心悦目。

启功先生的书法作品之所以能够达到至真至雅、清爽干净的境界，是与先生平和的心性和坦诚的人格密不可分的。这一点，我们可以从下面一则启功先生自拟的小传中得到印证。

### 启功小传

中学生，副教授。博不精，专不透。名虽扬，实不够。高不成，低不就。瘫趋左，派曾右。面微圆，皮欠厚。妻已亡，并无后。丧犹新，病照旧。六十六，非不寿。八宝山，渐相凑。计平生，谥曰陋。身与名，一齐臭。

唐代诗人李白性情豪爽，行为不羁，这一性格特点在其书作中表现得十分突出。图6-4-8是李白的草书《上阳台》帖。此作用笔率性，行笔随心所欲，笔画的长短、肥瘦和姿态等各不相同；结字自由随意，字迹的大小不同，形态各异，独大和挤压现象十分突出，立字大多重心不稳；从章法上看，字与字间关系缺乏和谐感，整幅字给人以散乱的印象。以上这些表现都与李白傲慢的性格有直接的关系。

图6-4-8 ［唐］李白草书《上阳台》帖

以上我们是从文化的角度整体来看汉字书法之美的。实际上，书法之美还可以分别从笔法、墨法、字法和章法四个方面单独来看，这样看相对简单，也能看得更加清楚。例如，图6-4-9这件作品用笔率真，墨色变化自然，整幅字给人以清雅之美。图6-4-10这件作品用笔谦和、笔法自然，墨色变化潜移肃静，结字端庄而不失生动，字迹大小匀称，整幅字不论是从用笔、用墨来看，还是从结字来看，都显得十分和美。

在汉字书法作品中，还有一个十分重要的元素——印章。印章是汉字书法一种独特的载体，印章钤盖面上所刻字迹，一般称为印面书法。因为印章钤盖在书法作品上一般是朱红色的，在黑色的墨迹映衬下，印面书法有一种特别的美。印面书法一般多为篆体，点画不拘一格，字迹情态生动。例如，图6-4-11这方印（王进刻）阴刻，印文"无欲则刚"四个字为大篆体，点画古朴自然，字迹端庄沉稳；图6-4-12这方印（李振远刻）阳刻，印文"德书人生"四个字为小篆体，笔画方圆兼济，富于骨力，字迹端庄但不失生动。

图6-4-9　王永杰行书

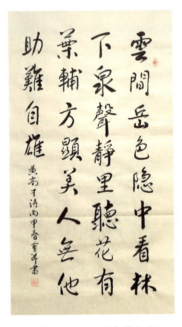

图6-4-10　刘会芹行书

图6-4-11　无欲则刚　　　　　图6-4-12　德书人生

# 第七章

# 辞章美

阅读是一种十分重要的学习方式。通过阅读,我们不仅能获得各种知识,而且还可以获得各种审美体验——或心情轻松,或感情激动,或精神振奋……为什么阅读会使人获得各种审美体验呢?因为文章最基本的社会作用是弘扬真善美,传播正能量,引导人积极向上,所以好的文章都具有一定的审美内涵,使人在阅读中获得审美享受。除了审美内涵外,美的语言也能给人以审美享受。

辞章美是指语言和以语言为表现形式的各类辞章所具有的美的成分。其中,辞章包括诗词、散文、小说、格言、谚语和对联等一切语言文化样式。

## 第一节　汉语之美

汉语作为世界上现存的以象形文字为基础的语言，文字高度统一和规范，语法简洁，音韵和美，词汇的衍生与兼容性很强，语言形式十分简洁，但语言逻辑十分严密。从审美的角度来看，汉语具有音韵美、词汇美和修辞美等三大美的属性，能够带给人的审美享受是极其丰富的。下面，我们具体来看一下。

### 一、音韵美

看微课
音韵美

汉语语音的最大特点是一字一音节，每一个音节必含元音，并且以元音为主体和韵尾，这样的语音结构决定了汉语音韵和谐优美。因为元音是乐音，辅音是噪音。因此，用汉语写成的篇章，不论是用于朗读，还是用于歌唱，都能够将声韵的魅力发挥到极致。这其中还有一个重要的原因是，一个汉字一个音节，不论是读得短促也好，还是延长节拍也罢，节奏的随意处理并不影响单字所表达的基本语义。一个单词多个音节的拼音文字就不具备这样的优势，因此其音韵就难以和汉语媲美。此外，汉语句子的强调重音可依其语义表达的不同分层次进行处理，这一点拼音文字也不具备。

正是因为汉语的音韵十分和谐优美，所以中国的古典诗词朗读起来具有一种特殊的听觉感染力，并且借助于节奏和声调的变化能够把感情抒发得淋漓尽致。用汉字填词的歌曲，一个字所占的节拍可长可短，节奏舒缓自如，更易造成跌宕起伏的音乐效果，使音乐艺术的感染力得到最大限度的发挥。

### 二、词汇美

看微课
词汇美

汉语词汇系统以单音节词为基础，双音节词为主体，四字成语锦上添花，单词音节（字符）相对较少，构词语素内部语义关系清晰，词义易于释解，便于记忆，动词十分丰富且使用自由灵活，整个词汇系统具有丰富而强大的表现力。从审美的角度来看，构成汉语词汇的单字大多具有明确的含义，字义与词义之间存在着极其丰富的意趣，推敲和玩味不仅可以使人的思想得到提升，思维能力得到发展，而且能够使人获得多方面的审美享受。

（一）汉语词汇的特点

由于汉语的词根性语素大多可以独立成词，并且一字多义现象十分普遍，加之有实义的语素组词灵活自由，这些不仅使汉语词汇系统一直保持着巨大的生机与活力，而且使汉语词汇具有一些突出的特点。概括起来说，汉语词汇具有以下几个特点：

1. 词义的概括性强

由于象形是汉字造字的一种基本方法，很多汉字不仅反映了事物形态，而且一经产生就表示一类事物的概念——独立成词，其意义具有强大的概括性。如，汉字的"牛"作为一类事物的概念，它的外延包括世界上所有属于"牛"类的动物，不论公母、大小，也不管是水牛、奶牛、羚牛、牦牛，还是黄牛、青牛、黑牛，"牛"这一个字全部将其纳入指称范围，如要单指，只需在中心词"牛"字前加上限定词即可。

2. 一词多义现象十分普遍

汉语词汇最大的一个特点是具象性和意境性，物性的相似性和情态的相近性使得汉语词语的借用与活用十分普遍，加之修辞的运用，汉语词汇的意义不断积淀，形成了一大批多义词。如上面所讲的"牛"这个词，其基本意思是力气大、坚韧的一种哺乳动物。由这个基本义引申出了固执、骄傲、本领大、有实力等意思，这样的词义引申现象在汉语中是十分普遍的。一词多义中的引申义和比喻义大多具有更强的生动性和形象性，这一特点决定了汉语词汇系统丰富的表现力。

3. 词的派生能力很强

汉语词根性单音节语素的意义大多具有集合性，一个语素的基本意思常常可以囊括尽一大类事物，如"机"这个单音节语素作为构词中心语素时，不论是什么机械，都囊括在它的指称范围内。任何一种新的机械产生，只需在它的前面加上"定语"性的语素，新概念就产生了，并且很容易被人理解，如"织布机""拖拉机""鼓风机""播种机"和"推土机"等。这种强大的词语派生性使得汉语应对新事物出现的能力十分强大，词汇简约生成的空间非常之大。例如，当"族"这个语素被赋予"一类人"这个新的意义后，"上班族""追星族""推销族""打工族"和"月光族"等一大批词语随之派生而出。

4. 词的内部结构清晰

汉语词汇大多是合成词，语素间的关系十分明确，词的意义释解和融会贯通都十分容易。

5.直接的思维唤起性

由于构成汉语词汇的词根性语素大多具有明确的事物、情态或行为的指向性,汉语词汇所具有直接的形象思维唤起性,用汉语写成的诗、词、曲、联等可以直接把人带进美妙的艺术境界。

（二）汉语词汇的表现力

由于构成汉语词汇的词根性语素大多具有明确的事物、情态或行为的指向性,很多汉语词语本身具有形象性和情境性,有较强的思维唤起性,加之汉语词汇词义的概括性很强,词汇中一词多义现象十分普遍等,因此,汉语词汇具有超强的表现力。

1.表意的严密性

汉语中不仅存在着大量的同义词和近义词,而且词分褒义、贬义和中性三类,恰当使用,不仅思想表达十分严密,而且情感表达也十分到位。

2.动词的情态性很强

汉语词汇系统中的动词十分丰富,并且这些动词对事物的动作情态具有描述性,情态性很强,这一特点决定了句子简洁、动词使用密度相对较大的汉语言情态性很强。

3.词语活用现象十分普遍

汉语词汇的意义不仅概括性强,而且在可类比事物间活用以加强表达的生动性和形象性。例如,"风移晓月云里去,潮托旭日水中出"这副对联的两句话中,分别活用了"移"和"托",语言的生动性和情境性增强了许多。

## 三、修辞美

修辞是指对言辞的修饰与美化,其中包括音韵的和谐悦耳、节奏的张弛起伏,以及词语的活用等。修辞手法的运用不仅可以使语言更美,而且使表意更生动、更形象,从而使文章能够给人以更充分的审美享受。

（一）消极修辞

消极修辞是以真实、客观地记叙事件,准确、简明地阐明事理为目的的修辞活动。它常以明确、通顺、平匀、稳密为修辞标准。

汉语的消极修辞几乎是一种不露痕迹的美化语言的手段,让人们在不自觉中感受到了一种语言的魅力。汉语的消极修辞在字、词、句的使用上都有体现,几乎是随时随地，信手可得，如"他人在课堂上，心早已从窗户跳出去了"，这一句中"跳"字的使用就是一种消极修辞。又如"梅逊青竹节气，竹输寒梅精神"这副对联中，"逊"和"输"就运用了消极修辞手法。

在日常生活中，我们随处可见消极修辞的例子。例如："为了您和他人的家庭幸福，请自觉遵守交通规则。"这条大街上的交通广告语就用了婉曲的修辞手法。这一修辞手法的运用，不仅使得广告的语气平和，人们更容易接受，而且可以引导人们思考，达到更加理想的表达效果。

除了字、词、句活用这些消极修辞外，汉语表达中经常使用的四字成语、格言、谚语等都能够加强语言的修饰效果。

（二）常见的积极修辞格

与消极修辞形成对比的是积极修辞，积极修辞具有一定的辞格，语言修饰效果更鲜明。积极修辞是借助辞格，以形象、生动地表达说话者内心情感、生活体验为目的的修辞活动；它常以形象、生动、新颖为修辞标准。常见的积极修辞格有以下几种：

1.比喻

比喻就是打比方，把抽象的、深奥的、人们不熟悉的事物，化为具体的、浅显的、人们所熟悉的事物，给读者以鲜明深刻的印象。

比喻手法的运用，可以使意思表达生动、形象，更容易唤起人们的想象与联想，使人们在深度理解文本的同时获得审美感受。例如：

墙上芦苇，头重脚轻根子浅；山间竹笋，嘴尖皮厚腹中空。

这副对联，用墙上芦苇、山间竹笋来比喻那些没有真才实学、只会夸夸其谈的人，不仅能够触发读者的想象和联想，而且能够使读者深透地理解文句表达的意思——意思理解透彻了，自然能够从中获得审美感受。

2.比拟

比拟有两种：一是把事物人格化，即通过赋予事物人的语言或行为，将事物写活，将意思表达得生动、形象，增加辞章的审美内涵；二是借助事物写人，或借助此物写彼物，这样写不仅可以使意思表达生动、形象，而且具有丰富的想象空间，使读者在想象与联想中获得审美享受。

下面我们通过两个例子来看一下。

【例1】天着霞衣迎日出，峰腾云海作舟浮。（赵朴初题峨眉山清音阁联）

这副对联采用拟人化的方法，上联写日出时的景象：朝霞满天，好像是天空为了迎接红日出来特意穿上了霞衣。一个"着"字赋予了天空"人"的行为，十分生动、形象。

我们再来看一个例子：

【例2】桃李不言，下自成蹊。

这个成语的字面义是：桃树、李树不会开口说话，但凭借它们美丽的花朵和甜美的果实，吸引人们纷纷靠近，树下被人们的脚步踩出了一条小路。其比拟义为：做人贵在务实，只要踏踏实实地做出一些业绩，让自己出类拔萃，就会得到人们的敬仰与亲近。这个比拟性的成语不仅有着丰富的想象空间，而且具有哲理性的美的内涵。

3.衬托

衬托是为了突出某一事物，运用相似、相关或相反的另一事物作为陪衬，使某事物的形象显得更加鲜明，易于人们的想象再现。被衬托的事物叫本体，用来衬托本体的事物叫衬体。映衬这种手法的使用，既能凸显被表现的事物的形象，又能够拓展想象与联想的空间，既能使读者在想象与联想中获得审美享受，又能使其思维能力得到发展。例如：

帆远浮天阔，江空得月多。（镇江金山寺联）

此联中用"帆远"来衬托出"天阔"，用"江空"来突出"月多"。同学们借助以往的生活经验，大胆地想象一下，就会发现这副对联描绘的意境清新而高远，披文入境，可以获得心旷神怡的审美享受。

4.对照

对照又称对比，是把两个相对或相反的事物，或者一个事物的两个不同方面并列在一起，加以对比，用以突出主题。对比这种修辞手法的使用，可以使读者对所描绘的形象有一个十分清晰的印象，有利于读者对形象做出审美判断。例如：

青山有幸埋忠骨，白铁无辜铸佞臣。（杭州岳飞墓前的对联）

此联采用对照的手法，突出地表达人们对岳飞的尊敬和对奸臣秦桧的憎恨。对联虽然只有14个字，但包含着巨大的想象空间。

5.排比

排比是结构相同、意思相关、语气一致的词组或句子成串地排列起来。排比可以充分酣畅地表达意思，加强语言的气势。与此同时，使用排比手法，可以加强语气，增强语言的节奏感，使语言的美感更足。例如：

沧海日，赤城霞，峨眉雪，巫峡云，洞庭月，彭蠡烟，潇湘雨，武夷峰，庐山瀑布：合宇宙奇观，绘吾斋壁；少陵诗，摩诘画，左传文，马迁史，薛涛

笺，右军帖，南华经，相如赋，屈子离骚：收古今绝艺，置我山窗。（此联为清代邓石如手书联）

这副对联采用了排比的修辞手法，不仅大大增强了语言美感，丰富了思想内涵，而且极大地拓展了想象空间，如果能充分地展开想象，深透理解对联的意思，就能从中获得充分的审美享受。

汉语表达中经常使用的修辞手法还有很多，限于篇幅，这里就不一一列举了。

## 第二节　文学形象美

文学形象是指文学作品中所描绘的人物形象、事物形象和自然景象等。人物形象是文学形象的主要部分。通过人物形象来反映社会生活是文学作品的一个重要特点。文学作品中的人物形象一般是采用"杂取种种人，合成一个"的方法创造的典型形象，这种形象一般代表了一类人的共性，又具有自身独特的个性。

文学创作的目的是反映生活，引导人们积极向上。文学形象以正面形象为主，有的是感情榜样，有的是道德典范，有的是精神楷模，不论是哪一类正面形象，都能给人以积极的影响，使人在想象与联想中获得审美感受。下面，我们通过两个例子来看一下。

文学形象美

【例1】

### 送孟浩然之广陵

〔唐〕李白

故人西辞黄鹤楼，烟花三月下扬州。
孤帆远影碧空尽，唯见长江天际流。

这首诗里有多个形象：故人、黄鹤楼、烟花、孤帆、碧空、长江等。但诗里的主要形象并不是它们，而是送别友人孟浩然去广陵时立于江边遥望天地的诗人——这是一个重情重义的人物形象。在对这个人物形象进行分析的基础上，加以想象与联想，就能体会到友情的可贵和人生的美好。

【例2】

### 上　邪

上邪！我欲与君相知，长命无绝衰。山无陵，江水为竭，冬雷震震，夏雨雪，天地合，乃敢与君绝！

诗歌是抒情的，而感情是抽象的。为了使抽象的感情易于为读者所把握，诗人便采用联想的办法，借助于一定的形象来表现。读这首诗，我们要透过字里行间，通过想象看到其中的主人公形象。这首诗中起码有一明一暗两个人物形象：鲜明的是女主人公的形象，模糊的是男主人公的形象。其中的女主人公一出场形象就十分鲜活："我对天发誓，我很爱你。"话语掷地有声，个性十分突出。当女主人公大胆地表白爱情的时候，男主人公是什么反应呢？说了什么话呢？诗中没有写。这就是诗歌留给读者的想象空间。我们完全可以这样想象——女主人公大胆地向男主人公表白爱慕之情后，男主人公不信。他说："别逗了，你会爱我？"于是，女主人公急了，一连用了五种不可能出现的情形再次表白自己对爱情的忠贞不渝。同学们只要大胆地想象一下女主人公的果断率真、指天发誓的动作情态等，就能获得审美感受。

除了人物形象外，文学作品中还有景物形象。景物形象常常是主观之情与客观之景相交融的产物。请看下面一首词。

### 武　陵　春
〔宋〕李清照

风住尘香花已尽，日晚倦梳头。物是人非事事休，欲语泪先流。
闻说双溪春尚好，也拟泛轻舟。又恐双溪舴艋舟，载不动许多愁。

"愁"原来无形状无重量，但是，诗人对它进行了诗的处理——让它形象化，可感化，以可见的景物形象加强了诗篇动人以情的魅力。

文学作品中的景物形象是情感的产物，想象的产物。如果没有情感的渗透，作品的景物形象也就失去了价值。正因为一切景物形象都是由作者的主观感情生发出来的，所以，对于景物形象的分析和想象再现也能获得一定的情感体验和审美享受。

## 第三节　文学意境美

所谓意境，就是作者在作品中所描绘的生活场景与作者的思想感情有机融合而形成的一种艺术境界。意境中的"意"就是创作者的思想感情，"境"就是作品中所描绘的景象或情境。一般情况下，文学作品所描绘的意境比自然情景和生活情景更美，若能借助于生活经验，充分展开想象与联想，披文入境，便可获得充分的审美享受。请看下面一个例子。

## 西 江 月

〔宋〕辛弃疾

明月别枝惊鹊，清风半夜鸣蝉。稻花香里说丰年，听取蛙声一片。

七八个星天外，两三点雨山前。旧时茅店社林边，路转溪头忽见。

这首词中，夏夜的清风、明月、蛙声、蝉鸣，还有稻花淡淡的馨香构成了一幅静美的生活图画，其中再渗入作者无限的喜悦之情，就形成了美妙的意境。借助于以往的生活经验，通过想象与联想，在大脑中再现诗词所描绘的意境，不仅会感到身心轻松，而且会油然而生向往之情。

意境是一种情景交融的艺术境界，有情无景或有景无情，都不能称之为意境。事实上，情感的表达是需要一定的景物来显示的。优秀的作家总是想方设法将思想感情浓缩到一定的生活画面之中，使人通过具体可感的生活画面去感知和把握。

情景交融只是意境的一个形象特征。不论是景中藏情、情中见景，还是情景并茂都不能看作是意境的全部。美妙的意境，不仅要具有情景交融的形象特征，而且要虚实相生，含有无穷的韵味。

宋代梅尧臣说："必能状难写之景，如在眼前，含不尽之意，见于言外，然后为至矣。"这句话告诉我们，意境包括两个部分：一部分是"如在目前"的实境，另一部分是"见于言外"的虚境。实境是指直接描写的景、形、境，而虚境则是指由实境诱发和开拓的审美想象的空间。请看下面这首诗。

## 月 夜

〔唐〕杜甫

今夜鄜州月，闺中只独看。

遥怜小儿女，未解忆长安。

香雾云鬟湿，清辉玉臂寒。

何时倚虚幌，双照泪痕干。

这首诗所写的情境是一幅妻子儿女的月下思亲图：身在鄜州的妻子孤身只影，凄然而立，"独看"圆月，忧怀伤情，牵挂着在外漂泊的丈夫。那已酣然入梦的"小儿女"，是体会不到这相思之苦、离情之痛的。这实境之外的"诗意空间"是什么呢？诗人独立庭院，仰望明月，思念着远方孤苦的妻子和不谙世事的儿女，泪湿衣衫。诗人心底的相思之苦、离情之痛见于言外。

## 第四节　文章的内涵美

　　文章主要是用来写情、论理、记事的，古今中外各类文体概莫能外，因此，情、理、事是文章内容的三大要素。文章的内涵美主要包括所抒发的感情美、所表达的思想美、所写事物的意趣美等。

### 一、感情美

　　自然界中，没有比人性更美的东西；人世间，没有比挚情真爱更美的事物。真正的人是为了纯情真爱而活着。敬父母、疼儿女、爱他人，人性才有所依托；怀苦我乐人之心，灵魂才更显其美。因此，写情是文学创作最大的、永恒的主题。对于一般写作活动而言，写情也是十分重要的内容。下面我们来看这个例子。

**背　影**

朱自清

　　我与父亲不相见已二年余了，我最不能忘记的是他的背影。

　　那年冬天，祖母死了，父亲的差使也交卸了，正是祸不单行的日子。我从北京到徐州，打算跟着父亲奔丧回家。到徐州见着父亲，看见满院狼藉的东西，又想起祖母，不禁簌簌地流下眼泪。父亲说："事已如此，不必难过，好在天无绝人之路！"

　　回家变卖典质，父亲还了亏空；又借钱办了丧事。这些日子，家中光景很是惨淡，一半为了丧事，一半为了父亲赋闲。丧事完毕，父亲要到南京谋事，我也要回北京念书，我们便同行。

　　到南京时，有朋友约去游逛，勾留了一日；第二日上午便须渡江到浦口，下午上车北去。父亲因为事忙，本已说定不送我，叫旅馆里一个熟识的茶房陪我同去。他再三嘱咐茶房，甚是仔细。但他终于不放心，怕茶房不妥帖；颇踌躇了一会。其实我那年已二十岁，北京已来往过两三次，是没有什么要紧的了。他踌躇了一会，终于决定还是自己送我去。我再三劝他不必去；他只说："不要紧，他们去不好！"

我们过了江，进了车站。我买票，他忙着照看行李。行李太多了，得向脚夫行些小费才可过去。他便又忙着和他们讲价钱。我那时真是聪明过分，总觉他说话不大漂亮，非自己插嘴不可。但他终于讲定了价钱；就送我上车。他给我拣定了靠车门的一张椅子；我将他给我做的紫毛大衣铺好座位。他嘱我路上小心，夜里警醒些，不要受凉。又嘱托茶房好好照应我。我心里暗笑他的迂；他们只认得钱，托他们只是白托！而且我这样大年纪的人，难道还不能料理自己么？唉，我现在想想，那时真是太聪明了！

　　我说道："爸爸，你走吧。"他往车外看了看说："我买几个橘子去。你就在此地，不要走动。"我看那边月台的栅栏外有几个卖东西的等着顾客。走到那边月台，须穿过铁道，须跳下去又爬上去。父亲是一个胖子，走过去自然要费事些。我本来要去的，他不肯，只好让他去。我看见他戴着黑布小帽，穿着黑布大马褂，深青布棉袍，蹒跚地走到铁道边，慢慢探身下去，尚不大难。可是他穿过铁道，要爬上那边月台，就不容易了。他用两手攀着上面，两脚再向上缩；他肥胖的身子向左微倾，显出努力的样子，这时我看见他的背影，我的泪很快地流下来了。我赶紧拭干了泪。怕他看见，也怕别人看见。我再向外看时，他已抱了朱红的橘子往回走了。过铁道时，他先将橘子散放在地上，自己慢慢爬下，再抱起橘子走。到这边时，我赶紧去搀他。他和我走到车上，将橘子一股脑儿放在我的皮大衣上。于是扑扑衣上的泥土，心里很轻松似的。过一会说："我走了，到那边来信！"我望着他走出去。他走了几步，回过头看见我，说："进去吧，里边没人。"等他的背影混入来来往往的人里，再找不着了，我便进来坐下，我的眼泪又来了。

　　近几年来，父亲和我都是东奔西走，家中光景是一日不如一日。他少年出外谋生，独力支持，做了许多大事。哪知老境却如此颓唐！他触目伤怀，自然情不能自已。情郁于中，自然要发之于外；家庭琐屑便往往触他之怒。他待我渐渐不同往日。但最近两年的不见，他终于忘却我的不好，只是惦记着我，惦记着我的儿子。我北来后，他写了一信给我，信中说道："我身体平安，唯膀子疼痛厉害，举箸提笔，诸多不便，大约大去之期不远矣。"我读到此处，在晶莹的泪光中，又看见那肥胖的、青布棉袍黑布马褂的背影。唉！我不知何时再能与他相见！

　　朱自清先生的《背影》以父亲的"背影"作为感情的凝结点，在表现出父爱无私、真挚与深沉的同时，把对父亲的敬爱与思念之情抒发得淋漓尽致。在这篇文章中，为了表现父爱的真挚与深沉，作者对父亲的境况进行了反复渲染：父亲没了工作，家中又连遭变故。家中所有，能卖的卖了，能典的典了，父亲的生活已举步维艰，就连找脚夫搬行李也要和人讲价钱——父亲确实没有钱慷慨呀！在这样的情况下，父亲对于儿子的关爱依然无微不至。"本已说定不送我，叫旅馆里一个熟识的茶房陪我同去。""但他终于不放心"，最后还是自己亲自去送了。送上车后，"嘱我路上小心，夜里警醒些，不要着凉。又嘱托茶房好好照应我"。到此，按说就该放心地回去了。然而，当我说"爸爸，你走吧"的时候，"他往车外看了看说：'我买几个橘子去。你就在此地，不要走动。'"看到橘子，又想到了儿子路上会口渴。这就是父亲，唯恐替儿子想得不周、为儿子做得不够。读了这篇文章，每个人都会被这种浓浓的父爱所感动。

## 二、思想美

文章的一个重要社会作用就是为人们提供思想养分，让人们知事明理，学会生活，学会做事，学会与人相处等。文章的思想养分从哪里来呢？一是从所写各种生活事件所蕴含的道理、显示的哲理和包含的事理中来，二是从文章所写的历史人物、事件，以及所包含的各种人文知识中来。如下面这篇文章。

### 蜀道走过不觉难

戊戌年初夏，我应邀到四川广元讲学。讲学结束后，在几个年轻人的陪同下，我们到剑门关访古，走了一次蜀道——金牛道上的一段古栈道。

栈道是修在两座大山的崖壁上的，由于要沿着崖壁盘旋而上，所以十分崎岖和陡峭。由于崎岖，不仅行走艰难，而且拐点多，视野狭小，不知在哪一个转弯处突然会窜出一只野兽或扑出一只飞鸟，吓得人心惊胆战。因为人本来就行走在悬崖边上的，这种情况的出现必然会加重人的恐惧感。由于陡峭，加之架于悬崖边上，行走在栈道上，很多人感到害怕，由于害怕，所以会有"蜀道难"的感叹。

那天，我们行至一处陡峭处时，遇到两个年轻人中途折返。问其缘由，回答说："太可怕了，不敢走了。"说到可怕，古蜀道上有两种情形最能使人产生恐惧感：一种情形是狭窄而陡峭的栈道旁是悬崖，崖下是万丈深渊；另一种情形是在直立甚至是倒悬的崖体上凿出一个凹槽式的小道，头顶是倒悬的崖体，身旁是万丈深渊。我们走过一段旁边是深渊的凹槽小道时，同行的一个人对我说："快点走过去吧，万一掉下一块就麻烦了。"他的担心不是没有理由的，因为那一段的山体是由沙质石构成的，看上去十分疏松。

我们由山底踏上栈道后，一路向上，到半山腰时，随行的几个人已明显地体力不支。这时，道路又更加艰险，有一处架在悬崖上的狭窄栈道陡峭得近于直立,旁边又是深渊,沿着它从下面走上来都十分的危险,况且,我们是要从上面走到下面去。人常说"上山容易下山难"。一个年轻人对我说:"老师,我们还是不要下了吧?太危险了。"出于他们安全的考虑,我对随行的几个人说:"你们原路返回吧,我一个人从这里下去。"他们想折返,但又怕我不安全,最终还是陪着我一起走。我走在最前面,心里想着,万一他们哪个不慎从上面摔下来,我还能挡一下。所以,我从上面往下走的时候,每一步都踩得很实,并且时刻都关注着身后的几个人。等从这一段栈道上下来,我的两腿明显地感到酸胀。再回头看几个年轻人,他们把着山崖,小心翼翼地在栈道上挪着脚步,颤颤巍巍地下来。

图7-4-1 剑门关蜀道

两座大山的山腰间架了一座栈桥。走过栈桥,就到了第二座大山的山腰。

刚才,我们沿着栈道爬上第一座大山的半山腰时,俯瞰对面山崖上的栈道,并没有觉得其险。然而,当我们走过栈桥,到了第二座山的山腰时,再仰望对面山上刚才走过的栈道,心中还真是吃了一惊。那依山傍崖架设的栈道,悬于危崖深壑之上,似乎风一吹都能掉下来。尤其是那一段陡峭得近于直立的栈道,旁边是峭壁,下面是深渊,望一眼都足以令人却步。这时候,我才明白了李白为什么在《蜀道难》一诗中会有"危乎高哉"和"畏途巉岩不可攀"的感叹。不过,说实话,我从这一段古蜀道上一路走过时,并没感觉到害怕。凡事都是一个道理,只要不怕,就不会觉得它难。

这一次蜀道之行，本来是想亲身体验一下"蜀道之难"的，然而走过之后，并没有感觉到困难。不过，感悟还是有的：走过蜀道，既需要胆识和勇气，也需要力量，而且更需要有一种精神。

　人生的道路上，难免会有蜀道般的崎岖与陡峭。遇到了，不必畏怯，大胆地走过去。走过去，人生就多一分希望。

同学们在上高中的时候学过李白的《蜀道难》，大脑中就有了"蜀道"艰险难行的印象。本文作者亲自走了一回"蜀道"后，既没有感到害怕，也没有觉得艰险难行，于是在文末感叹道："人生的道路上，难免会有蜀道般的崎岖与陡峭。遇到了，不必畏怯，大胆地走过去。走过去，人生就多一分希望。"这几句话读后不仅令人思想上深受启发，而且精神上会受到鼓舞。

### 三、意趣美

现实生活中，每时每刻都在发生着一些事情，有的事情包含着生活的道理、具有思想启示性，有的事情具有精神感召力，有的事情富有意趣。意趣之美首先在于它能够舒展人的心境，使人轻松愉快。与此同时，在意趣之外常常还蕴含着一定的思想。下面我们来看一篇短文。

#### "缩头"是一种生存智慧

在一个山坡的下面，有一个不大的湖，湖水中生活着一只乌龟和很多的鱼。有一天，一条鱼问乌龟："你怎么一有事就缩头缩脑，就不能勇敢地面对一回吗？"乌龟回答说："凡是让我缩头的事，都是我认为没有必要去面对或者不值得去面对的事。"鱼不屑地甩了一句："狡辩，你连旁边过个汽车都缩头。"乌龟说："汽车从旁边经过时，不仅噪声刺耳，而且车轮从路面上压飞的小石块有时候还会砸下来，所以，汽车经过时我就缩头，既能清净一会儿，歇息一会儿，又能避免危险，这样不好吗？"鱼反问乌龟说："那你就不怕人们骂你'缩头'吗？"乌龟说："生命要自己珍惜，生活要自己来过，我不在意别人说什么。"这时，有一辆汽车从旁边山路上经过，乌龟赶紧缩回头去。看到乌龟惊慌的样子，鱼白了它一眼，轻蔑地说："德行！"话音未落，被汽车压飞的一块石头砸下来，不偏不倚，正砸在了鱼的头上。

上面这个故事不仅思想深刻，而且富有意趣。认真地读一读这篇短文，不仅会觉得很有意思，而且还会得到思想上的启示，能够获得双重的审美享受。

## 第五节　汉语文学的独特样式

### 一、诗

诗歌是长于抒情的一种文学体裁，是想象与联想的产物，它凭借形象和意境将人们的形象思维活动引向无穷的空间，既能使人在想象与联想中获得审美享受，又能强化人的创造性思维能力。汉语诗歌是十分优美的语言艺术，尤其是合辙押韵的古典诗歌，读来音韵铿锵、和谐悦耳，加之汉字和汉语词语本身具有形象唤起性，很容易将人们带入一种意境。因此，汉语诗歌具有很强的审美性。下面我们来看两个例子。

看微课

诗之美

【例1】

枫桥夜泊

〔唐〕张继

月落乌啼霜满天，
江枫渔火对愁眠。
姑苏城外寒山寺，
夜半钟声到客船。

这首诗虽然只有28个字，但形象丰富、意境深远、感情真挚，反复诵读和仔细品味，可以获得多方面的审美享受。

首先，诗歌生动、形象地描绘出了枫桥一带夜景的丰富多彩，有远景、有近景；江上清风，舟中渔火，悠扬的夜半钟声，皆触到诗人的一个"愁"字，使全诗情景交融，意境优美，具有十分强烈的感染力量。

其次，这首诗的字里行间有着深厚的意蕴，为读者创造了巨大的想象空间，使读者能够从中获得强烈的美感。例如，"江枫渔火对愁眠"一句给我们勾画出了一个因思念家乡、想念亲人睡不着、站在船头观夜景的旅人形象，"夜半钟声到客船"一句写出了相思者的辗转反侧。前一句写眼里所见，后一句写耳中所闻；前一句轻描相思之情，后一句写思念之切：仅仅十几个字描绘出了两种情形，同时又使所抒之情现出波澜。

【例2】

## 蜀　相

〔唐〕杜甫

丞相祠堂何处寻？锦官城外柏森森。
映阶碧草自春色，隔叶黄鹂空好音。
三顾频烦天下计，两朝开济老臣心。
出师未捷身先死，长使英雄泪满襟。

从审美的角度看，这首诗具有韵律美、想象美、形象美和意境美等多重美的属性，反复诵读和仔细品味，可以获得多方面的审美享受。

首先，这首诗具有美的思想内涵。诗歌的第三联仅用14个字，就高度概括了诸葛亮的一生功业。这里虽然没有具体描写诸葛亮的一言一行，但从他隆中献策、出山辅刘，到六出祁山、军中病死，一生的功勋事业，全部的赤胆忠心，以及他与刘备父子的亲密关系，无不包括其中。

其次，这首诗中饱含着美的感情。诗的第一句，一个"寻"字含义丰富——既表现出杜甫对诸葛亮深深的敬仰之情，又表现了诗人到丞相祠堂去祭奠心情的迫切。后一句中的"柏森森"三个字渲染环境的庄严与肃穆，景中含情，情景交融，使作者对诸葛亮的敬仰之情得以深化。

诗的三四两句由远及近，视角从置身祠外的远观转移到进入祠堂后的近看。其中"自""空"二字的巧妙运用收到了笔力千钧的效果，既表现出了作者感时伤怀又无可奈何的心情，又寄托了诗人对诸葛亮身后凄凉的哀婉，同时还夹杂着作者的自我安慰之意——诸葛亮雄才大略，一生赤胆忠心、鞠躬尽瘁，不也留下了身后的遗憾吗？杜甫写《蜀相》这首诗的时候，"安史之乱"还没有被平息，目睹国势艰危、生灵涂炭，而自身又请缨无路、报国无门，因此对开创基业、挽救时局的诸葛亮无限仰慕，倍加敬重。

最后，这首诗表现了诸葛亮完美的人格。"三顾频烦天下计，两朝开济老臣心"两句是全诗的重点和核心，既生动地表现了诸葛武侯的雄才大略、报国苦衷和生平业绩，又表现了他忠贞不渝、坚忍不拔的精神品格。这两句诗打破了诗歌创作的常规，以议论句入诗，不仅没有冲淡诗的抒情气氛和完整形象，反而使诗的抒情气氛更为浓厚，形象更加丰满。

诗的最后两句是点题句，表达了诗人对诸葛亮崇高精神的敬仰和对其事业未竟的痛惜之情，同时也表现了自己报国无门的哀伤。这两句诗叙事和抒情结合，情真意挚，具有很强的感染力。在前面六句铺垫的基础上，这两句诗收束得既有精神，又有余味。

## 二、词

词又叫曲子词、长短句、诗余，是配合乐曲而填写的一种歌诗，即一种独特的诗歌形式。诗和词都属于韵文的范围，二者所不同的是：诗只供吟咏，词则可以入乐而歌唱。词这种诗歌形式充分利用了汉语音韵美的特点，将表达思想的文字和音乐结合在一起，集音乐美、意境美和情感美等诸美于一身。

看微课
词之美

在所有的文学种类中，词是最富于音乐性的，它以和谐的音律、明快的节奏将汉语的魅力完美地体现出来，使人们在唱诵中自然而然地进入到其所描绘的情境当中，从而获得真切的情感体验和强烈的美感享受。下面，我们来看一个例子。

### 雨霖铃
〔宋〕柳永

寒蝉凄切，对长亭晚，骤雨初歇。都门帐饮无绪，方留恋处，兰舟催发。执手相看泪眼，竟无语凝噎。念去去千里烟波，暮霭沉沉楚天阔。

多情自古伤离别，更那堪、冷落清秋节。今宵酒醒何处？杨柳岸，晓风残月。此去经年，应是良辰好景虚设。便纵有千种风情，更与何人说！

柳永是中国文学史上极为罕见的写情高手，他的《雨霖铃》词可以说是千古写情之一绝。从审美的角度来看，这首词是辞章美的典范。因为审美首先是接受感情的洗礼，其次才是思想的汲取和精神涵养，所以，凡是饱含感情的作品都是比较好的审美对象。下面，我们通过分析来体会一下这首词所抒发的感情。

词的开句运用了"寒蝉"二字点染，一幅秋景图便跃然纸上。一声凄惨的蝉鸣，点明此时已是中秋时节。因为夏末、秋初正是蝉生命力最旺盛的时候，叫声的凄厉说明蝉之将死，时已至中秋。这个季节秋高气爽，置身其中，人的心情也当是轻松愉快的。何况，此时此刻，夕阳的余晖映照长亭，大雨过后，一切焕然一新。在这样一种大的环境背景之下，坐在都城门外酒家的帐篷下饮酒，别有一番情调。好景、好酒，当有好心情。然而，词人面对着这美景、美酒却情绪全无。一句"都门帐饮无绪"将画中人物的离情别绪长长地牵了出来。佳境诱发好心情，这是自然规律。然而，这里的美景却改变不了词人的心情。什么原因呢？离别的痛苦太深重了。

"留恋处,兰舟催发"一句将离别之痛渲染到了撕心裂肺的程度。正在难舍难分之际,船老大的一声催叫将离人的心揪得紧紧的。情动于衷,谁也说不出话来,只有泪眼相对,执手相看。这里,"泪眼""凝噎"两词中凝结着真情至爱,描绘了一个"真情无言""至爱无声"的感情境界。

"念去去千里烟波,暮霭沉沉楚天阔"两句写离人心中所想:这一去就是千里万里呀,何时才能再相聚呢?还没有离开就想到再回来,留恋之情跃然纸上。

词的上阕写离别的真实场面,采用烘托、点染等艺术手法,情景交融、意境优美,富有极强的艺术感染力;下阕写词人的感伤,想象别后的孤苦与忧思,情真意切,感人肺腑。

"多情自古伤离别,更那堪、冷落清秋节"二句写中秋时节,月圆在即,千家万户都期盼着团圆的时候,词人却要与自己心爱的人分离了,真是苦上加苦、痛上加痛。

"今宵酒醒何处?杨柳岸,晓风残月"二句:晓风拂面,残月当空,杨柳的枯叶洒满江岸,漂泊的游子从醉梦中醒来,满目冷清,一怀伤感。融孤苦之情于凄清的景中,意境十分高远。

"此去经年,应是良辰好景虚设。便纵有千种风情,更与何人说!"离情还未了,归思就开始在心头萦绕。这一去就是一年多,再美的风景也无人共赏,心中有再多的话又能说给谁听呢?这最后几句从设想别后孤苦的角度再次渲染离别之痛,情真意浓,感人至深。

柳永的《雨霖铃》可谓千古写情的巅峰之作,其中用"无绪""无语"将难分难舍之情表现得淋漓尽致,达到了真情无言、真爱无声的境界,用"泪眼""凝噎"二词再加以渲染,将离别之情写得至醇至美。这首词可以说俗不伤雅,雅不避俗,显示出柳词的特色,故历来被推为柳永的代表作。

## 三、曲

曲是继诗、词之后而兴起的一种文学体裁。曲这种文学样式也是以汉字为基础的中国独有的文学体裁,它把汉语的音韵魅力发挥到了极致。曲大致分为两种:一种是进入戏剧的唱词,即戏曲,或称剧曲;另一种是散曲,这是一种广义的诗歌。我们这里只讲散曲。

与诗词相比,散曲所表现的内容更加广泛,叙事性更强,形象更加多样,情境更加接近生活,语言更加通俗和口语化,更易引起人的想象和联想。研读散曲，对语言能力的发展、想象和联想能力的提升，以及思想的丰富等都有显著的促进作用，即曲的欣赏能够使人获得多方面的审美受益。下面，我们通过两个例子来看一下。

【例1】

### 天净沙·秋思
〔元〕马致远

枯藤老树昏鸦，
小桥流水人家，
古道西风瘦马。
夕阳西下，
断肠人在天涯。

从审美的角度看，这首小令集形象美、景象美和感情美于一体，反复诵读和仔细品味，可以从中获得充分的审美享受。

这首小令虽然只有28个字，但成功地推出了11个形象，描绘了8种景象。"枯藤老树昏鸦"一句6个字，3个形象，2种情景：枯萎的藤蔓缠绕着老树，找到了自己的归宿；黄昏的乌鸦回到了自己的巢边，消解着飞奔的倦意。"小桥流水人家"一句也是6个字，3个形象，2种情景：小桥下的流水奔向它们的归宿，流水旁的人家里传出了欢声笑语。这两句所写的形象、所描绘的景象都易于触发游子思念家乡、思念亲人之情，同时会引起游子对漂泊生活的感伤。在前两句铺垫和渲染的基础上，后面三句将主人公漂泊的凄苦和思念的伤感和盘托出。

这首小令语言简洁，形象鲜明，景象特点突出，用极省俭的文字表现了丰富的思想感情。

欣赏这首小令时，要充分地展开想象和联想。这样，不仅能够将其理解得更加透彻，而且易于获得审美感受。

【例2】

### 【南吕】一枝花·杭州景
〔元〕关汉卿

普天下锦绣乡，环海内风流地。大元朝新附国，亡宋家旧华夷。水秀山奇，一到处堪游戏。这答儿忒富贵，满城中绣幕风帘，一哄地人烟凑集。

[梁州] 百十里街衢整齐，万余家楼阁参差，并无半答儿闲田地。松轩竹径，

药圃花蹊，茶园稻陌，竹坞梅溪。一陀儿一句诗题，行一步扇面屏帏。西盐场便似一带琼瑶，吴山色千叠翡翠，兀良、望钱塘江万顷玻璃。更有清溪、绿水，画船儿来往闲游戏。浙江亭紧相对，相对着险岭高峰长怪石，堪羡堪题。

[尾]家家掩映渠流水，楼阁峥嵘出翠微。遥望西湖暮山势，看了这壁，觑了那壁，纵有丹青下不得笔。

这篇文章是写杭州的绮丽风光和都市繁华景象的。文章开篇两句"普天下锦绣乡，环海内风流地"概括杭州之美，说这里是天下美丽的地方、人间富诗情画意之地。为什么要这样讲呢？作者说，这里"水秀山奇""满城中绣幕风帘"。

[梁州第七]部分具体描写杭州美丽的风光。先写"街衢整齐""楼阁参差"的繁华景象，再写"松轩竹径""茶园稻陌"等自然景色，将一个美丽的杭州展现在读者眼前。

[尾]这一部分写在自然景象的衬托之下，江南人家依波偎翠的诗情画意之美。

总的来看，这篇文章以清新优美的语言，描绘了杭州"堪羡堪题"的美丽风光，以及"楼阁参差""人烟凑集"的繁华景象，字里行间饱含着作者热爱生活、热爱大自然的感情。

## 四、对联

对联又称楹联，俗称对子，实质是一组表达一个完整意思的对偶句。其特点是言简意深，对仗工整，平仄协调，是一字一音的汉语言承载的独特的艺术形式。对联是中华民族的文化瑰宝，也是利用汉字特点创造的一种独特的民族文化景观。对联体制严格，要求词类相对、内容相连、声韵协调、对仗严谨。可以说，对联是锤词炼句的艺术，它把汉语的魅力发挥到了极致。

从审美的角度来看，对联具有语言节奏美的属性，反复诵读和仔细品味，可以从中获得一定的审美感受。下面，我们来看几个例子。

1. 无志难成易事，有心易克难关。
2. 罔谈彼短吾亦有短，靡恃己长谁人无长。
3. 充海阔天高之量，养先忧后乐之心。（明·任环自题联）
4. 有志者事竟成破釜沉舟百二秦关终属楚，苦心人天不负卧薪尝胆三千越甲可吞吴。（清·蒲松龄落第自勉联）

这里列举的几副对联都是有关人格塑造的。反复诵读和深透理解，可以获得思想的启示和精神的激励两个方面的审美感受。

# 第八章 科技美

　　科技美是指科技创造过程和科技创造结果能够带给人精神快感的各种美的元素。当一种科学的创造与发明获得成功，或是一个设计十分巧妙和完美，人的内心就会产生出成就感；如果一件产品的制作工艺精细，产品细节完美，不仅制作者会有成功的喜悦，而且使用者也有获得的满足感；如果一件产品能够降低人的劳动强度，使人在使用时感到轻松，人的内心就会有愉快感……不论是成就感、满足感，还是愉快和喜悦，都是人的美感体验。这就是说，不论是科技创造过程，还是科技创造结果，其中都有美的元素。

## 第一节 设计美

看微课
设计美

不论是一件器物的制造，一座房子的建造，还是一个设施的建设，设计是首要的。一个成功的设计不仅能够使人看到智慧之美，鼓舞和激励人的精神，而且可以使人感受到科技应用的魅力。下面，我们通过几个例子来看一下设计美。

### 一、莲鹤方壶

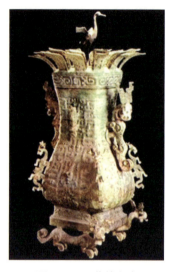

如图8-1-1所示是现藏于河南博物院的春秋时期的莲鹤方壶。此器通高117厘米，口长30.5厘米，口宽24.9厘米。1923年于河南新郑县（现新郑市）出土。该壶造型豪华气派，装饰典雅华美。壶冠呈双层盛开的莲瓣形，中间平盖上立一展翅欲飞之鹤；壶颈两侧用附壁回首之龙形怪兽为耳；器身满饰蟠螭纹，腹部四角各攀附一立体小兽，圈足下有两个侧首吐舌的卷尾兽，倾其全力承托重器。其构思新颖，设计巧妙，融清新活泼和凝重神秘为一体。莲鹤方壶之美首先在于它的设计美，其次在于制作工艺之美。

图8-1-1 莲鹤方壶

### 二、半坡遗址半地穴式房屋

西安半坡遗址是一处新石器时代的文化遗址。这一遗址已发掘出距今6000年的45座房屋的基址。其中，有一部分是半地穴式建筑，如图8-1-2所示。半地穴式房屋的基本设计是，建设时先从地表向下挖出一个方形或圆形的深坑，在坑中埋设立柱，然后沿坑壁用树枝捆绑成围墙，内外抹上草泥，最后架设屋顶。其基本特点是，房屋的内部空间一部分在地面以下，一部分在地面以上。

图8-1-2 半地穴式房屋示意图

从科技的角度看,排除掉阴雨季节潮湿这一缺陷,对于西北黄土高原上的人们来讲,半地穴式的房屋冬暖夏凉,十分宜居。与此同时,采用木骨涂泥的构筑方法构筑的墙体不仅轻便,而且又可以有效地解决防风、保暖等问题,其中的科技含量是比较大的。

### 三、河姆渡干栏式建筑

浙江的河姆渡遗址也是一处新石器时代的文化遗址。在这一遗址中,发现了距今已有7000年历史的干栏式建筑,如图8-1-3所示。干栏式建筑的基本设计是,以大小木桩为基础,木桩上架设大小梁,梁上铺木地板,做成高于地面的基座,然后立柱架梁、构建人字坡屋顶,完成屋架部分的建筑,最后用苇席或树皮做成围护设施。其中立柱的方法一般从地面开始,是通过与桩木绑扎的办法树立的。

图8-1-3 干栏式建筑

干栏式建筑的基本特点是房屋的内部空间均高出地面很多。从科技的角度看,河姆渡干栏式建筑的设计有两大亮点:

一是这种建筑既可以防潮,也可以防止野兽的侵袭,还可以避免大暴雨后的水淹等,是南方地区潮湿多雨自然条件下最理想的建筑形式。它的发明体现了长江流域远古先民们的智慧。

二是这种建筑铺设地板采用的企口和销钉两种木构衔接法,既是同期世界上最先进的木构建筑技术,也是影响最为深远、生命力最强的两项木构技术。这两项技术至今仍在普遍使用。

### 四、都江堰

战国时期，由秦国蜀郡太守李冰父子带领民众修筑的都江堰，是一项巧夺天工的伟大设计。都江堰是世界上迄今为止，年代最久、唯一留存、以无坝引水为特征的宏大水利工程。其巧妙的设计在2000多年的时间里一直被视为人类水利工程的范本。

都江堰水利工程充分利用当地西北高、东南低的地理条件，根据江河出山口处特殊的地形、水脉、水势，乘势利导，无坝引水，自流灌溉，使堤防、分水、泄洪、排沙、控流相互依存，共为体系，保证了防洪、灌溉、水运和社会用水综合效益的充分发挥。

都江堰的修建，以不破坏自然资源，充分利用自然资源为人类服务为前提，变害为利，使人、地、水三者高度协调统一。

都江堰由渠首和渠道两大系统组成。都江堰渠首枢纽主要由鱼嘴分水、飞沙堰排沙、宝瓶口引水三大主体工程构成。三者有机配合，相互制约，协调运行，引水灌田，分洪减灾，具有"分四六，平潦旱"的作用。

#### （一）岷江鱼嘴分水工程

鱼嘴分水堤又称"鱼嘴"，是都江堰的分水工程，因其形如鱼嘴而得名，如图8-1-4所示。鱼嘴分水堤筑于岷江江心，其主要作用是把汹涌的岷江分成内外二江，西边叫外江，是岷江正流，主要用于排洪；东边沿山脚的叫内江，是人工引水渠道，主要用于灌溉。

图8-1-4　都江堰鱼嘴分水堤

在古代，鱼嘴是以竹笼装卵石（见图8-1-5）垒砌。由于它建筑在岷江冲出山口呈弯道环流的江心，内江窄而深，外江宽而浅，这样，枯水季节水位较低时，水流经鱼嘴上面的弯道绕行，主流直冲内江，内江进水量约六成，外江进水量约四成；而当洪水来临，水位较高时，水势不再受弯道制约，主流直冲外江，内、外江江水的比例自动颠倒：内江进水量约四成，外江进水量约六成。这就利用地形，完美地解决了内江灌区冬、春季枯水期农田用水以及人民生活用水的需要和夏、秋季洪水期的防涝问题。

（二）飞沙堰溢洪排沙工程

飞沙堰溢洪道又称"泄洪道"（见图8-1-6），具有泄洪、排沙和调节水量的显著功能，故又叫它"飞沙堰"。飞沙堰是都江堰三大工程之一，看上去十分平凡，其实它的功用非常之大，可以说是确保成都平原不受水灾的关键。

图8-1-5　笼装卵石

图8-1-6　都江堰飞沙堰

飞沙堰采用竹笼装卵石的办法堆筑，堰顶做到合适的高度，起一种调节水量的作用。当内江水位过高的时候，洪水就经由平水槽漫过飞沙堰流入外江，使得进入宝瓶口的水量不致太大，保障内江灌溉区免遭水灾；同时，漫过飞沙堰流入外江的水流产生了漩涡，由于离心作用，泥沙甚至是巨石都会被抛过飞沙堰，因此还可以有效地减少泥沙在宝瓶口周围的沉积。

（三）宝瓶口引水工程

在修建都江堰工程时，李冰父子邀集了许多有治水经验的农民，并且对地形和水情作了实地勘察，最终得出结论：只有打通玉垒山，使岷江水能够畅通流向东边，才可以减少西边的江水的流量，使西边的江水不再泛滥，同时也能解除东边地区的干旱，使滔滔江水流入旱区，灌溉那里的良田。这是治水患的关键环节，也是都江堰工程的第一步。于是，李冰决定凿穿玉垒山引水。由于当时还未发明火药，李冰便以火烧石，使岩石爆裂，终于在玉垒山凿出了一个宽20米、高40米、长80米的山口。因其形状酷似瓶口，故取名"宝瓶口"（见图8-1-7）。

图8-1-7　都江堰宝瓶口

宝瓶口起"节制闸"的作用，能自动控制内江进水量，是湔山（今名灌口山、玉垒山）伸向岷江的长脊上凿开的一个口子。留在宝瓶口右边的山丘，因与其山体相离，故名"离堆"。离堆在开凿宝瓶口以前，是湔山虎头岩的一部分。

都江堰是中国古代人民智慧的结晶，是中华文明的伟大杰作，是造福人民的伟大水利工程。都江堰建成后，成都平原沃野千里，"水旱从人，不知饥馑，时无荒年，谓之天府"。其最伟大之处是建堰2000多年来经久不衰，而且发挥着愈来愈大的效益。都江堰设计之科学、构思之绝妙、配套之完善，在世界水利史上首屈一指。

## 五、"神舟"飞天

西汉淮南王刘安及其门客所著的《淮南子》中有一则《嫦娥奔月》的神话。这则神话表明，早在2000多年之前中国人就有了飞天的梦想。神州飞船的成功研制使中国人实现了自己的飞天梦。

神舟飞船（见图8-1-8）是中国自行研制，具有完全自主知识产权的载人宇宙飞船。其基本结构是"三舱一段"，即整个飞船由轨道舱、返回舱、推进舱和附加段四个部分构成——这样的结构设计十分科学。

轨道舱是飞船进入轨道后航天员工作、生活的场所。舱内除备有食物、饮水和大小便收集器等生活装置外，还有空间应用和科学实验的仪器设备。返回舱返回后，轨道舱相当于一颗对地观察卫星或太空实验室，它将继续留在轨道上工作半年左右。

图8-1-8 神舟飞船

返回舱又称座舱，是航天员往返太空时乘坐的舱段。返回舱是飞船的指挥控制中心，内设可供3名航天员斜躺的座椅，供航天员起飞、上升和返回阶段乘坐。座椅前下方是仪表板、手控操纵手柄和光学瞄准镜等。航天员通过仪表对飞船的工作状态进行监控，在必要时采取相应的操控措施。

推进舱又叫仪器舱或设备舱，里面安装有推进系统、电源、轨道制动，并为航天员提供氧气和水。

附加段也叫过渡段，是为将来与另一艘飞船或空间站交会对接做准备用的。在载人飞行及交会对接前，它也可以安装各种仪器用于空间探测。

## 六、"北斗"导航

北斗卫星导航系统（以下简称北斗系统）是中国着眼于国家安全和经济社会发展需要，自主建设运行的全球卫星导航系统，是为全球用户提供全天候、全天时、高精度的定位、导航和授时服务的国家重要时空基础设施。

与其他导航系统相比，北斗系统在整体设计上具有三大优点：一是北斗系统空间段采用三种轨道立体式布置导航卫星，高轨卫星数量多，抗遮挡能力强，稳定性好，可靠性强。二是北斗系统采用的是最新的三频信号（美国的GPS采用的是二频信号），能更好地消除高阶电离层延迟的影响，增强数据预处理能力，从而提高定位的可靠性。与此同时，北斗系统由35颗卫星组成，其中包括5颗静止轨道卫星、27颗中地球卫星和3颗倾斜同步轨道卫星，定位精准。三是北斗系统创新性地融合了导航与通信能力，具有实时导航、快速定位、精确授时、位置报告和短报文通信服务五大功能。其中，北斗导航系统所具备的短报文通信功能在全球定位系统中是一次重大的技术突破，这一功能的实用性特别强。

## 第二节　技术美

看微课
技术美

　　技术美是指因精湛的技术和精细的工艺在产品加工过程中的应用，使产品具有的外在美和使用上的得心应手等美的表现。从形式方面看，技术美主要表现为工艺的精细；从内涵方面看，技术美主要表现为使用的顺手与舒心等。下面，我们通过几组例子来看一下。

### 一、骨制品

　　早在距今30000年前的旧石器时代，北京山顶洞人就开始磨制骨制品，制造出了骨针等日用品。到了大约距今6000年的时候，中国南北方磨制骨制品的手工艺水平都已经很高，磨制出的骨制品十分精细，有的甚至可以与现今的手工制品相媲美。图8-2-1是半坡遗址出土的骨镞与骨鱼叉，制作工艺十分精细，特别是骨鱼叉的倒刺十分锋利。图8-2-2是半坡遗址出土的骨针，制作之精细确实让人惊叹。特别令人惊叹的是，骨针尾部的小孔比较细腻——在距今6000年之前，先民们能把骨针制作到这样精美的程度，不能不使人敬佩。

图8-2-1　骨镞与骨鱼叉

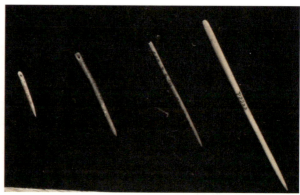
图8-2-2　骨针

## 二、玉石器

进入新石器时代之后,中华先民们的审美意识不断增强,荣辱观念迅速形成,各类玉石装饰品大量产生。图8-2-3是内蒙古兴隆洼文化遗址出土的一件玉玦,其制作年代距今8200年。玉玦是上古时代的耳饰品,相当于今天的耳环。

从技术和工艺的角度来看,这块玉玦打磨得比较精细,尤其是中间环形内孔部分给人细腻的印象。站在8200年前的历史背景下来看,这块玉玦不论是缺口的切割,还是各个部分的打磨,制作工艺都是值得肯定的。

图8-2-4是出土于河姆渡文化遗址,距今7000年前的两块玉玦,这两块玉玦的形制与兴隆洼玉玦完全相同。但其制作工艺水平已经较兴隆洼玉玦有所提高,尤其是左边的一块制作工艺精细,美的属性已很突出。

图8-2-3　兴隆洼玉玦

图8-2-4　河姆渡玉玦

图8-2-5是一件大汶口文化时期的玉串饰,这件玉串饰制作的时代距今大约6000年左右。从技术美的角度看,这件玉串饰至少有三个值得肯定的地方:一是其切割细腻,切割面打磨得很精细;二是每一个玉珠打磨得十分精美,不论是视觉感受,还是触觉感受,都能使人获得美的享受;三是在6000年前的历史背景下,玉珠的打孔技术令人赞叹。

图8-2-5　大汶口文化的玉串饰

### 三、青铜制造

中国的青铜器制造工艺产生于夏代,迅速发展于商代,到西周时期已基本成熟。战国时期,我国的青铜冶炼、合金和加工技术等均居于世界领先地位。

图8-2-6是1974年从秦始皇陵区的陶俑坑中出土的宝剑。宝剑直接埋在地下约5~6米深的泥土中,水浸泥蚀长达2000多年,但出土时依然光亮如新,非常锋利,可以迎风断发。这把秦代的宝剑是用铜和锡,加上少量的铅制成。经仪器反复检测,最后得知,宝剑不锈的秘密是表面镀了一层厚度仅10微米的铬。研究还发现,在这把剑中,剑身中锡的含量高于剑刃,所以刃口锋利,而整体坚韧。这样的剑是先浇铸出中间的芯条,再浇铸两边的刃而制成的"复合剑"。这几项技术诞生在2000年以前,确实是令人惊叹的。

图8-2-6 秦剑

图8-2-7是秦代生产的青铜箭镞。秦兵马俑出土了两万支青铜箭镞。这些青铜箭镞为三棱流线形,即横剖面为正三角形,纵投影如现代的子弹头,其表面磨光如镜。据测量,每一箭镞三个面的宽度基本相等,误差不大于0.15毫米。因为箭镞的三个面和三个棱都呈弧形,精磨和抛光都很难,即使在工业技术高度发展的今天,要确保两万只箭镞的精度完全控制在误差不大于0.15毫米这一公差范围内,其难度都很大,而2000多年前的秦人却奇迹般地做到了。更为惊人的是,上述精加工好的青铜兵器在磨锋抛光之后,表面上加了一层黑铬薄膜。经分析测定,这些兵器经过铬盐氧化处理,极大地增加了防腐抗锈的性能。

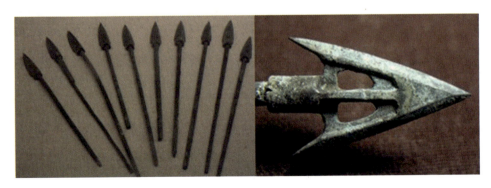

图8-2-7 秦青铜箭镞

考古事实证明：早在秦代，我国的工业技术已经非常发达，并且实现了标准化、序列化和通用化。如制造的弩，原理和现代的步枪完全相同，甚至有些零件的形状也和步枪基本相像。并且其生产是完全标准化和通用化的，相同的零部件在任何一个器械上都能安装和互换。

图8-2-8和图8-2-9是1980年冬在秦始皇陵西侧20米处、7.8米深的地下出土的两乘大型铜车马。铜车马主体为青铜所铸，一些零部件为金银饰品。各个部件分别铸造，然后用嵌铸、焊接、黏结、铆接、子母扣、纽环扣接、销钉连接等多种机械连接工艺，将众多的部件组装为一体。马为白色，通体彩绘，彩绘时所用颜料均为用胶调和的矿物颜料，利用胶的浓度塑造出立体线条。车、马和俑的大小约相当于真车、真马、真人的二分之一。它完全仿实物精心制作，真实再现了秦始皇帝车驾的风采。

一号铜车马（见图8-2-8）重1061千克，每匹马体重230千克，配件3064个。尺寸大小是按真车马的二分之一比例缩小的。舆为横长方形，进深48.5厘米，舆广74厘米，舆中部竖一独杆圆形伞盖，盖径1.22米，御官俑立于伞下偏右处，手执六辔，身佩长剑。在车舆左前栏板上有承放弓弩的承弓器一副，同时在舆内前栏板内侧还置有一个彩绘铜质箭箙，箙内尚存50支三棱带羽铜镞和4支平头带羽铜镞。此外，车舆内还发现一件制作精美、形状完整的铜盾牌，盾牌为"凸"字形，四周彩绘几何纹，中间绘变形龙纹。车马装饰物和一些小型构件由金银制成。车上的驭手面部被敷以白色，但唇与双颊是粉红的，白色的领子上还绘有朱红色的菱形花纹。

图8-2-8　秦一号铜车马

二号铜车马（见图8-2-9）通长3.17米，高1.06米，相当于真车马的一半。总重量为1241千克（其中金铸件3千克多，银铸件4千克多），由大小3462个零部件组装而成。其中青铜制件1742个，黄金制件737个，白银制件983个。其形体之大，堪称"青铜之冠"。

图8-2-9　秦二号铜车马

二号车是一种带有篷盖的豪华车，车舆接近正方形，它宽78厘米，进深88厘米，其宽度仅比一号车长4厘米，可进深较之一号车长40厘米。舆上罩着一块类似于龟盖状的篷盖。大篷盖不仅将车舆全部罩了起来，甚至连车舆前边的"驾驶室"也遮盖起来，形成封闭式的车舆。二号铜车属于小轿车类型。车主既可以坐乘，也可以卧息。

两乘车加起来不少于6000个零部件，所有零部件全部是铸造成型。其工艺水平之高，世所罕见。就拿篷盖与伞盖的铸造来说，它不仅面积大，而且薄厚不一，厚的地方为0.4厘米，薄的地方仅有0.1厘米，再加上篷盖、伞盖，都有一定的弧度，这样难度大的篷盖、伞盖能一次性浇铸成功，不要说在2200年前的秦代，就是在科技发达、设备齐全的今天也并非易事。总之，铜车马的铸造工艺堪称古代青铜冶铸方面了不起的奇迹。

### 四、金银器

唐代的金银器制造水平十分先进，各种生活器物制作工艺精细，观之令人悦目，用之使人赏心。下面，我们来看几个例子。

#### 1.鸳鸯莲瓣纹金碗

图8-2-10是出土于西安何家村窖藏的鸳鸯莲瓣纹金碗。此碗被评定为中国国宝级文物。金碗敞口，鼓腹，喇叭形圈足。锤击成型，纹饰平錾，通身鱼子纹地。外腹部錾出两层仰莲瓣，每层十瓣。上层莲瓣内分别錾出狐、兔、

图8-2-10　唐鸳鸯莲瓣纹金碗

獐、鹿、鹦鹉、鸳鸯等珍禽异兽及花草。走兽或走或奔，形态各异；禽鸟或飞翔或栖息，动静结合。下层莲瓣内均錾刻忍冬花草。碗内底中心，是一朵蔷薇式团花，外底中心则錾刻一只回首的鸳鸯，周围饰有忍冬云纹。圈足饰方胜纹，一整两破的菱形花纹图案，实为简化了的四瓣莲花纹。足底边缘饰联珠纹一周。

2.鎏金舞马衔杯纹仿皮囊银壶

图8-2-11是唐代的鎏金舞马衔杯纹仿皮囊银壶，1970年西安何家村窖藏出土，中国国宝级文物。壶的造型采用的是我国北方游牧民族皮囊（皮囊，最早起源于哈萨克族，是用马皮和羊皮制作而成的。早在数千年前，中国北方的游牧民族就已经开始随身携带皮囊用来装酒盛水）的形状，壶身为扁圆形，一端开有竖筒状的小口，上面置有覆莲瓣式的壶盖，壶顶由银链和弓形的壶柄相连，这种形制既便于外出骑猎携带，又便于日常生活使用，表现了唐代工匠在设计上的独具匠心。银壶的两侧采用凸纹工艺各塑造出一匹奋首鼓尾、跃然起舞的骏马。壶上的骏马就是唐代有名的舞马形象。

图8-2-11　唐鎏金舞马衔杯纹仿皮囊银壶

3.鎏金鹦鹉纹提梁银罐

图8-2-12是唐代的鎏金鹦鹉纹提梁银罐，1970年西安何家村窖藏出土，中国国宝级文物。银罐外观大口短头，罐腹圆鼓，喇叭形圈足，可活动提梁插入焊接在罐肩部的两个葫芦形附耳内。底部为圈足，足与罐体的连接处加焊一圈圆箍。罐体为纯银锤击成型，花纹平錾，鱼子纹地，纹饰鎏金。提梁上饰有菱形图案，罐身通体装饰以鹦鹉为主体，周边环绕折枝花，组成两组均衡式圆形的图案。鹦鹉展翅于花丛间，灵动可爱，栩栩如生，装饰在提梁罐两面，其余空白处以单株折枝点缀。银罐上錾刻的鹦鹉振翅欲飞，鲜活而丰满，恰好与圆浑的外形、饱满的团花相配，给人以富贵喜庆的感觉。

图8-2-12　唐鎏金鹦鹉纹提梁银罐

#### 4.葡萄花鸟纹银香囊

图8-2-13是唐代的葡萄花鸟纹银香囊，1970年西安何家村唐代窖藏出土。香囊外壁用银制，呈圆球形，通体镂空，以中部水平线为界平均分割形成两个半球形，上下球体之间，一侧以钩链相勾合，另一侧以活轴相套合。下部球体内又设两层银质的双轴相连的同心圆机环，外层机环与球壁相连，内层机环分别与外层机环和金盂相连。内层机环内安放半圆形金香盂，外壁、机环、金盂之间，用银质铆钉铆接，可以自由转动。这样无论外壁球体怎样转动，由于机环和金盂重力的作用，香盂始终保持重心向下，里面的香料不致洒落于外。尽管已经经历了1000多年，其仍然玲珑剔透，转动起来灵活自如，平衡不倒，其设计之科学与巧妙，令现代人叹绝。

图8-2-13 唐葡萄花鸟纹银香囊

### 五、桥跨天险

在中国古代神话传说中，有一则《鹊桥相会》的故事。这则故事中有一个情节：为了让牛郎和织女能够在七夕这一天执手相会，人间的喜鹊在这一天全部飞到天上去，用它们的身体搭起一座鹊桥。这则神话反映了千百年来中国人渴望畅行无阻的美好愿望，而这一愿望在今天已经基本实现。

进入21世纪以来，中国在桥梁建造技术方面不断创新和突破，创造了一个又一个桥梁建设的奇迹，让全世界投来了惊羡的目光。到目前为止，我国已经建成的公路桥超过80万座，铁路桥超过20万座，创造了许许多多的世界第一。下面，我们来看两个例子。

【例1】

#### 朝天门长江大桥——世界上跨径最大的钢拱桥

朝天门长江大桥（见图8-2-14）是中国重庆市境内连接江北区与南岸区的一座过江大桥。2004年12月动工兴建，2009年4月29日正式通车。

朝天门长江大桥线路全长1741米，主跨长552米；桥面上层为双向6车道I级公路，设计行车速度60千米/小时；桥面下层为2条双向轨道交通，同时在两侧预留2个车道。

朝天门长江大桥建设创造了两项世界第一：一是采用了主跨552米的多肋飞燕式钢桁无推力拱结构体系，是目前世界上已建成的跨度最大的拱桥；二是主桥中支点支座采用了145000kN的球形抗震支座，是目前已建成的世界同类桥型中承载力最大的球形支座。

图8-2-14　朝天门长江大桥

【例2】

### 港珠澳大桥——世界上最长的跨海大桥

港珠澳大桥是连接香港大屿山、澳门半岛和广东省珠海市的一座跨海大桥，总长约55公里，是目前世界上最长的跨海大桥。

港珠澳大桥从2009年12月15日开工建设，2016年9月27日主体桥梁工程全部贯通，2017年7月7日海底隧道段的连接工作顺利完成，2018年10月24日正式通车。

在港珠澳大桥建设过程中，中国工程技术人员创造了多个世界之最：一是制造和使用了世界上最大的沉管隧道——每一节沉管浮在水中的时候排水量约75000吨；二是制造了并成功安装了世界上最重的沉管——沉管预制使用钢筋量相当于埃菲尔铁塔的总重量；三是最精细施工质量——沉管隧道安装之前，要在40米深的海底铺设一个42米宽、30厘米厚的平坦的垫层，这个垫层的平整度误差控制在了4厘米以内。

## 第三节　适用美

适用美是指一项科技发明或技术产品适应了人们的现实需要,解决了人们生产或生活中的现实问题,使人们从中获得了轻松、快意等美感享受。

适用美的产生过程实际上就是科技发明和创造过程。这里,我们通过一个模拟性的实例来看一下。

远古时代,人们以渔猎为主要生活来源。由于居住在湖边的人日复一日地捕捞,湖中靠近岸边的鱼越来越少,而湖中心的鱼越养越大。一方面,人们感到近水处捕捞越来越困难,另一方面,又看到湖中心不时有肥大的鱼跃出水面(见图8-3-1)。在这样的情况下,人们就有了想法:要是能到湖中心去捕捞就好了。

图8-3-1　跳跃的鱼

到湖中心去捕捞会有大的收获,可是湖水很深,游到湖中心去捕捉是不现实的。怎么办呢?这时人们所面临的问题,既是工具问题,也是技术问题。为了解决问题,人们便展开了积极的思维活动。当一个人坐在湖边进行思索时,无意中看到了图8-3-2漂浮的叶子这种景象,于是,大脑中有了灵感——既然树叶能漂浮在水面上,叶子上趴着蚂蚁也十分平稳,能不能制造出一种既可以漂浮在水上,又能在水上移动的工具呢?

经过反复的观察、思考和模拟实验,人们便创造出了独木舟这样的水上交通工具(见图8-3-3)。独木舟的制造,满足了人们到湖中心捕捞的需要,解决了

图8-3-2　漂浮的叶子

图8-3-3　跨湖桥文化独木舟

人们的实际问题，使人们的内心变得轻松愉快，这就是科技产品的适用美。

在人类社会的发展过程中，人们不断地遇到各种问题，每一个问题的解决都伴随着人们的内心喜悦和满足感——这些美感体验很多是由特定时代科技产品的适用美带来的。下面，我们再通过几个例子来看一下。

## 一、陶甑

图8-3-4是新石器时代的陶甑。这是距今6000年前的蒸煮器，是置于鼎、釜等上面蒸食物用的。其底部有几个透气孔，蒸汽通过气孔进入器内，实现对食物的蒸制。从科技的角度看，早在6000年以前，中华先民们就已经掌握了蒸制食物的原理和方法。这件器物的制造适应了人们饮食多样化的需要，使人们能够吃到比煮制食物更可口的美味，给人们增添了生活的快意。

## 二、陶澄滤器

在地下水资源还没有被人们发现，或者凿井技术还没有被人们掌握的时代，人们的生活用水来自于江河、湖泊等地表水，水中含有各种杂质。如何把水中的杂质轻松地过滤掉是当时人们遇到的一个生活问题。陶澄滤器的发明有效地解决了这个问题，使人们的生活更加方便，这样，自然会使人产生一种快意。

图8-3-5是西安半坡遗址出土的一件陶澄滤器，其制作于距今大约6000

图8-3-4　陶甑

图8-3-5　陶澄滤器

年左右。这件澄滤器是用来过滤液体中的杂质的,它不仅能够将水中的杂物轻松地过滤掉,而且可以用来将人们酿造的酒和醋等过滤出来。

## 三、双耳箅流灰陶壶

河南舞阳贾湖遗址的考古发现证明中华先民早在8000多年前已经开始酿酒,山东后李文化遗址的考古发现证明,中华先民早在8000年前就开始吃煮制的食物。史料记载,早在距今4900年的炎帝时代中草药已经发明,煮茶和饮茶也在同期进入了人们的生活。

不论是酿酒、煮制食物佐料,还是煎药、煮茶,过滤都是必不可少的。在这样的情况下,各种过滤器物的制造无疑会使人们产生满足感。如图8-3-6所示,这是一件现藏于河南博物院距今4000多年前的双耳箅流灰陶壶。这件器物具有多方面的用途:一是可以用来煮茶,二是可以用来煎药,三是可以用来加各种

图8-3-6　双耳箅流灰陶壶

佐料熬汤等。这件器物既有设计美,同时又有适用美。

## 四、苇编

新石器时代,随着土炕的发明,人们对席子的需要也随之产生。与此同时,当人们傍晚时分聚集在场院中纳凉时,对席子一类物品的需要也相应增加。在这样的情况下,苇编技术的发明和席子的制造满足了人们多方面的生活需要,使人们从中获得了适用美的体验。

图8-3-7是出土于河姆渡遗址的一块苇编。从这块苇编上面,我们至少可以解读出几个方面的信息:一是早在7000多年前,河姆渡人已经开始利用芦苇编织席子等生活用品,其

图8-3-7　河姆渡苇编

物质文明已经达到了一定的高度;二是早在7000多年前,人们的手工艺水平已经达到了一定的高度,生产和生活知识积累已较为丰富;三是早在7000多年前,人们已经开始利用各种自然出产来改善和美化自己的生活。

### 五、尖底瓶

在人类的创造和发明过程中,各种科技产品的适用美不都是一下子就表现出来的,有的是随着产品的不断改进逐渐表现出来的。这里,我们以尖底瓶的发明为例来看一下。

早在七八千年前,人们最早在河里汲水,使用的是平底的陶罐(见图8-3-8),这种器物由于底面积大,触水时所受浮力很大,因而很难入水。人们为了使其能够顺利入水而将水打上来,不得不利用重力加速度来增加其入水的力量,这样,器物在入水的刹那间与水面形成较大的撞击力,因而易使器物损坏(如图8-3-9所示,器物底部被撞裂),人们不仅常常打不到水,而且还损失掉赖以正常生活的器物,于是,人们就总结经验,发明了第一代尖底瓶。

图8-3-8 完好的陶罐

图8-3-9 底部有裂痕的陶罐

第一代尖底瓶(见图8-3-10),其瓶底面积大大缩小,瓶子入水瞬间所受浮力比陶罐大大减小,但是,第一代尖底瓶的拴绳位置设计在瓶子的上部,由于瓶子材质比较脆弱,在盛满水后,瓶子常常在上部断裂(见图8-3-11)。与此同时,由于瓶子中部鼓起部分较大,瓶子依靠重力自然入水至中部后,就会漂浮在水面上。因此,要使瓶子顺利入水,还必须依靠重力加速度,这样,瓶底被撞裂的情况依然存在(见图8-3-12)。

第二代尖底瓶的设计既综合运用了重力、浮力、压强和重力加速度等力学原理,又充分考虑了器物构成材质的特点等,在四个方面做了大的改进:一是将

图8-3-10　第一代尖底瓶　　图8-3-11　上部断裂的瓶子　　图8-3-12　底部被撞裂的瓶子

图8-3-13　第二代尖底瓶

其拴绳位置由上端移至腹部，绳子在瓶口处捆扎固定（见图8-3-13），这样既可以避免瓶子在装满水后从上端断裂，也确保了瓶子入水和出水时的稳定性；二是瓶子的长度增加、腹部直径减小，入水时的浮力大大降低，瓶子入水更加顺利；三是瓶壁的厚度加大，瓶子重量增加，入水重力相应增加；四是瓶子下端15厘米做成实心，不仅可以增加瓶子入水瞬间的抗撞击性，而且可以增加瓶子重量。经过这四个方面的改进后，第二代尖底瓶不仅消除了陶罐和第一代尖底瓶在汲水方面的缺陷，而且使用更加方便，使用寿命大大增加。

第二代尖底瓶的发明，既满足了人们汲水的生活需要，又使人们使用起来很顺手，同时也没有了以往器物常常被损坏的烦恼，适用美显得十分突出。

## 六、"蛟龙"入海

我国是一个海洋资源十分丰富的国家，对其进行合理开发和科学利用，在使我国保持长期可持续发展方面具有极其重大的意义。

不论是海洋资源的勘探，还是开采利用，首先要解决的问题是深海运载装备。为了加快深海运载设备的研制进程，增强向海洋进军的实力，在国家相关部委的组织和领导下，国内相关科研院所和制造企业等100多家单位团结协作，联合攻关，经过六年时间的技术攻关和设计制造，使中国"蛟龙"悍然出世。"蛟龙"号载人潜水器（见8-3-14）的研制成功对我国海洋资源勘探和研究具有极其重大的意义。

图8-3-14 "蛟龙"号载人潜水器

"蛟龙"号是我国自主设计、自主集成研制的作业型深海载人潜水器。其设计下潜深度为7000米级,实际海试深度成功到达7020米海底。经过多次海试证明,"蛟龙"号是目前世界上下潜能力最强的作业型载人潜水器,它具备在占世界海洋面积99.8%的广阔海域中作业的能力。

从2009年"蛟龙"号进入海试实验开始,到2012年,"蛟龙"号连续取得了1000米级、3000米级、5000米级和7000米级海试成功。2012年6月27日,中国"蛟龙"号载人潜水器在西太平洋的马里亚纳海沟海试成功到达7020米海底,创下了作业类载人潜水器新的世界纪录。此前,载人潜水器下潜的最高世界纪录是日本深潜器创下的6527米,中国"蛟龙"创下的新的世界纪录超出日本493米。

中国"蛟龙"能够下潜至深海7000多米,在世界各国作业型深海载人潜水器中表现最为优异,不仅标志着我国具备了载人到达全球99%以上海洋深处进行作业的能力,而且标志着中国海底载人科学研究和资源勘探能力达到了国际领先水平。

## 第四节 效能美

效能美是指一项科技发明或技术产品能够降低人们的劳动强度,使人们的劳动变得轻松愉快,或是能够提高人们的劳动效率,使人们在单位时间里能够获得更多的劳动成果,从而产生收获的喜悦等。下面,我们通过几个例子来看一下。

看微课

效能美

## 一、牛耕技术

在距今7000年前的新石器时代，人们耕作一般使用耒耜（见图8-4-1）。用这种工具疏松土壤，不仅劳动效率很低，而且劳动强度很大。到了商周时期，青铜农具出现以后，耦耕（见图8-4-2）技术产生。虽然耦耕在一定程度上降低了劳动强度，同时提高了耕作质量，但劳动效率依然很低。

图8-4-1　耒耜

图8-4-2　耦耕技术（雕塑）

牛耕技术（见图8-4-3）的产生不仅降低了人的劳动强度，耕作效率大大提高，而且耕作的质量也提高很多。相对于以往的耕作技术而言，牛耕技术释放出来的效能使人们倍感喜悦。这就是效能美带给人的美感体验。

图8-4-3　牛耕技术

## 二、陶器轮制技术

中国制陶的历史始于距今10000年前的新石器时代早期。最初，人们用盘筑法制作陶器，不仅劳动强度大，生产效率低，而且产品质量也不高，如图8-4-4所示。陶器轮制技术的发明，不仅降低了人们的劳动强度，提高了制陶效率，而且使陶器的质量有很大提高，陶器的外在审美性和内在质地美都有所增强，如图8-4-5所示，因此，这项技术的产生使人们获得了多方面的美感体验。

图8-4-4　上山文化红衣陶圈足盘

图8-4-5　马家窑文化彩陶壶

## 三、无坝引水技术

无坝引水技术是中国古代科技的一大成就。这一技术的核心是充分利用河流水文、河道地形和区域自然地理条件，直接在河道上引水。这项技术发明后，得到了广泛应用，在中华大地上释放出了难以估量的巨大效能。中国古代著名的无坝引水工程有都江堰和郑国渠等。

公元前246年，秦王采纳韩国人郑国的建议，由郑国主持修建大型"引泾"水利工程，此工程历时十年完成，人称郑国渠。

郑国渠建成后，使土地贫瘠、"十年九旱"的关中东部平原成为沃野良田，粮食产量大增，由此，关中成为当时全国最富庶的地区。与此同时，郑国渠的建成，大大改善了生态环境——由于有了水，树木、花草增多，植被增加，裸露的土地减少，年降雨量增加了，气候湿润了，地下水得到了有效的补充，为灌区民众饮用水提供了良好的条件。

## 四、活字印刷技术

中国古代的印刷术经历了雕版印刷和活字印刷两个阶段。雕版印刷产生于隋唐之际，刻版采用优质、细密的木材，上面刻出阳文反字，然后涂以墨汁复印纸上。这种方法优于手抄百倍，但是，雕版印刷也存在着不足，刻版需很长的时间，存放刻版又要占据大量空间，如果一部书不再重印的话，刻版便成了废物。

活字印刷技术是在北宋庆历年间由平民毕昇发明的。据《梦溪笔谈》的记载，毕昇以胶泥刻字，一字一枚，火烧使之坚硬，存于木格之中。印刷时，以一铁板，上面敷以松脂、蜡、纸灰等物，用铁框框住，然后照书稿将一个个活字拣好排于铁框之中，放置火上加热，待铁板上的混合物稍熔，以平板压平、冷却后便可印刷。

活字印刷术的发明，不仅克服了雕版印刷的各种缺陷，而且劳动强度降低，印刷快捷方便，印刷质量和效率都有极大提高。

总的来看，科学技术之美首先表现为各项技术的应用能够减轻人们的劳动强度，提高劳动效率，使人们感到轻松愉快；其次表现为各种科技产品的制造，满足了人们不断增长的物质生活需要，使人们感到生活的美好；再次，产品制作工艺的精细不仅使其在外形上具有了审美性，而且使用起来更加顺手和舒心。此外，在科技发明和技术创造过程中，人们还会产生成就感。

在这里，特别要说明的是，我们在本章中所采用的例子都是有关中国古代科技的，这样做的目的主要是为了使同学们较多地了解中国古代文化，感受中华民族的智慧和创造力，从而增强民族自豪感和自信心。

## 五、"复兴"上路

唐代著名诗人李白曾在《蜀道难》一诗中发出了"危乎高哉！蜀道之难，难于上青天！"的感叹。或许他未曾想到，1000多年后，1958年，勤劳勇敢的中国人民建成了穿越古蜀道的宝成铁路，一举结束了"蜀道难"的历史。更让李白无法想到的是，2017年12月6日，从西安到成都的西成高速铁路建成通车，从这一刻开始，他当年从蜀地到长安需要走月余的路程，乘坐中国人自己研发、设计和制造的复兴号电力动车组列车，不到两个时辰就跑完了。

复兴号电力动车组（见图8-4-6）是由中国自己研制的、具有完全自主知识产权的中国标准动车组的中文名称，其英文代号为CR。复兴号动车组列车的研制由中国铁路总公司主导，由中国铁道科学研究院作为技术总负责人牵头，由西安交通大学、北京交通大学和中国科学院等教学和科研单位提供技术支持，由中国中车旗下的四方股份、长客股份、唐车公司及相关企业设计制造。

图8-4-6　复兴号电力动车组

复兴号电力动车组的研制立足于中国国情，依据中国高铁运营的特点制定中国标准，充分利用前沿科技，运用最新的设计理念，力求实现全面自动化。在多个行业、众多单位的通力合作下，经过三年的研制，复兴号电力动车组于2017年6月26日首次在京沪高铁线上投入运营。

复兴号电力动车组的设计集成了大量高新技术，其安全性、经济性、舒适性以及节能环保等性能都达到了世界先进水平。例如，复兴号电力动车组装置了智能化感知系统，具有强大的安全监测系统，列车出现异常时，可自动报警或预警，并能根据安全策略自动采取限速或停车措施；采用全新低阻力流线型头型和车体平顺化设计，跑起来也更节能。

复兴号动车组的试验速度达到了时速400公里及以上，这一速度是目前世界上高速铁路动车组列车的最快速度。

## 六、神威·太湖之光超级计算机

神威·太湖之光超级计算机是由中国国家并行计算机工程技术研究中心研制，全部采用中国国产处理器构建的一台超级计算机。这台计算机安装在国家超级计算无锡中心，其峰值计算速度达到了每秒12.54亿亿次。

神威·太湖之光超级计算机是世界上首台峰值计算速度超过10亿亿次的超级计算机。2016年6月20日，国际TOP500组织在法兰克福世界超算大会上发布超级计算机排行榜，中国自主研制的"神威·太湖之光"超级计算机系统排名第一，它的计算速度比排名第二的"天河二号"快出近两倍。

2017年11月13日，全球超级计算机500强榜单公布，"神威·太湖之光"以每秒9.3亿亿次的浮点运算速度第四次夺冠。在2018和2019全球超级计算机500强排名中，"神威·太湖之光"均位列第三。

总的来看，科学技术之美首先表现为各项技术的应用能够减轻人们的劳动强度，提高劳动效率，使人们感到轻松愉快；其次表现为各种科技产品的制造，满足了人们不断增长的物质生活需要，使人们感到生活的美好；最后，产品制作工艺的精细不仅使其在外形上具有了审美性，而且使用起来更加顺手和舒心。此外，在科技发明和技术创造过程中，人们还会产生成就感。